文系教師のための理科授業ワークシート 5年生の全授業

全単元・全時間を収録！

ワークの記入例に沿って指示を与えれば即授業が成立！

福井広和・國眼厚志・高田昌慶 著

はじめに

　小学校の先生の8割以上は文系であり，理科に苦手意識をもっていると言われています。これは仕方のないことなのですが，先生が自信なさそうに授業をしたのでは，子どもたちも理科が嫌いになってしまいます。それでは困ります。そこで理科の苦手な先生をサポートしようと企画したのが『文系教師のための』シリーズです。おかげさまで『理科授業note』に始まる本シリーズはたくさんの先生方に読んでいただき，「理科授業に自信が持てるようになった」といったうれしいお便りをたくさん頂いております。

　今回は「すぐ使えるワークシート」をコンセプトに著しましたが，これまで同様，理科の得意な人にしかできないようなマニアックな技術ではなく，誰がやっても効果の上がる確かな実践やコツをまとめてみました。小学校の先生は基本的に空き時間がほとんどなく，図工・体育・音楽・書写…と準備・片付けの必要な科目ばかりで，短い休み時間もバタバタと走り回っているのが現状なのではないでしょうか。本書は，そんな忙しい先生方を想定して作っています。

　じっくりと読み深める余裕がなくても，理科室に行ってパッと本書を開いてください。授業の大まかな流れもワークシートの記入例も載っています。1分間だけ斜め読みして，すぐ授業‼　教科書と本書を教卓に並べて広げたまま授業をしてください。ワークシートを配り，記入例のようになるよう児童に指示を与えていけば，気がつけば理科の授業が成立しているはずです。

　「ベテラン教師のワザをどの先生にも！」が我々執筆者の合言葉です。時間があればワークシート例の横に配置した「指導のポイント」もお読みください。

　理科嫌いが問題だと言われて久しいですが，子どもたちは決して理科嫌いではありません。何が問題なのかを意識させ，自分なりの予想を立てて友達と意見をぶつけ合い，最後は実験ではっきりさせる。そんな基本的な学びの場を保障してあげることができれば，子どもたちは理科好きになるのです。先生自身が授業に自信をもち，理科を好きになってくれることを願ってやみません。

福井　広和・國眼　厚志・高田　昌慶

この本の使い方

本文をサッと読んでワークをコピーしたら、すぐ授業ができます！

本書は授業の準備に時間をかけず、パッと見て、すぐ授業できることを目指しました。しかし理科ですから準備は必要ですし、安全への配慮をお願いしたいこともきちんと記しています。

❶ **本時の目標**

1単元の中で「育成する資質・能力」を網羅できるよう設定しています。

❷ **授業の流れ**

大まかな授業の進め方の例です。ワークシートをどこで使うのが有効か示しています。

❸ **準備物**

教師および児童の準備物です。チェックボックスに☑を入れて準備してください。

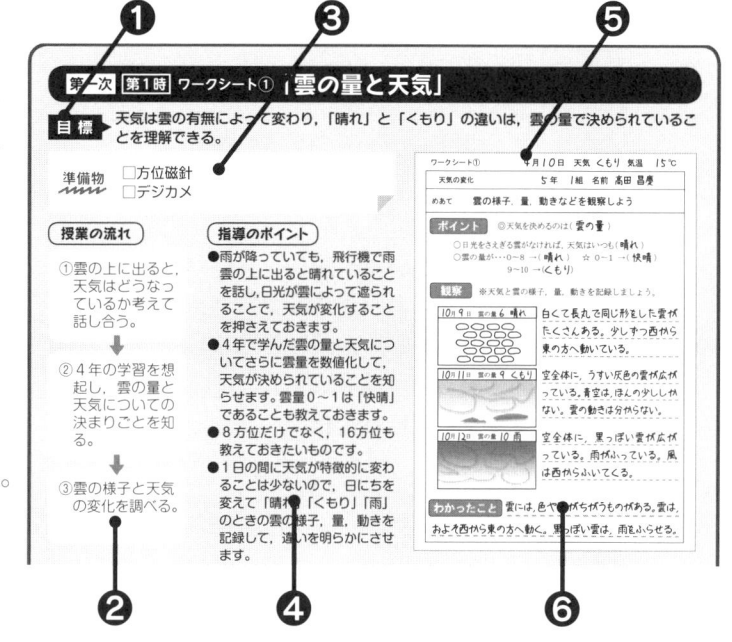

❹ **指導のポイント**

安全面の留意点、実験・観察のコツ、ベテランの知恵袋、学習内容に関連した科学のうんちく…等のひとくちコメントを書いています。時間があれば、ぜひ読んでください。

❺ **時期・天気・気温**

岡山県岡山市の天気・気温を例示しています。理科の授業は天気に左右されます。それぞれの地域の実態にあわせて単元計画を立てる時の参考にしてください。

❻ **ワークシート記入例**

典型的な児童の記入例を載せています。これはあくまで参考であり、こうなるように指導しなければいけないというものではありません。児童が自分の頭で考えて書いたものが1番です。

ワークシートの保存・活用

毎時間に書いたワークシートはクリアファイルなどに保存します。そして単元の終わりに取り出して並べ、振り返りをします。そうすることで単元全体を概観し、学習の意味づけをすることができます。特に生物単元は長期間にわたって他の単元と並行して進めるのでポートフォリオ型の保存・活用・評価法が有効です。

目次

はじめに…002
この本の使い方…003
5年生理科の特徴…008

1 天気の変化…10

		解説とワークシートの解答	ワークシート
第一次	雲の様子と天気の変化		
第1時	雲の量と天気…①	11	18
第2時	雲の種類と天気…②	11	19
第二次	雲の動きと天気の変化		
第1時	天気が変化するきまり1…③	12	20
第2時	天気が変化するきまり2…④	12	21
第三次	天気の変化の予想		
第1時	気象情報による天気の予想…⑤	13	22
第2時	観天望気による天気の予想…⑥	13	23
第3時	観天望気の予想と結果…⑦	14	24
第四次	台風と天気の変化		
第1時	台風の発生…⑧	14	25
第2時	台風の動き…⑨	15	26
第3時	台風による災害…⑩	15	27
ポイント解説			16

2 植物の発芽・成長・結実…28

		解説とワークシートの解答	ワークシート
第一次	種子が発芽する条件		
第1時	種子が発芽するにはどんな条件が必要か…①	29	38
第2時	水は発芽に必要な条件か…②	29	39
第3時	空気は発芽に必要な条件か…③	30	40
第4時	温度は発芽に必要な条件か…④	30	41
第5時	種子が発芽する条件のまとめ…⑤	31	42
第二次	種子の発芽と養分		
第1時	種子には発芽に必要な養分が含まれているか…⑥	31	43
第2時	種子のつくりを調べる…⑦	32	44
第3時	植物が成長する条件を調べる1…⑧	32	45
第4時	植物が成長する条件を調べる2…⑨	33	46

			解説とワーク シートの解答	ワークシート
第三次	植物の結実			
第1時	アブラナの花のつくりを観察する…⑩		33	47
第2時	カボチャの花のつくりを調べる…⑪		34	48
第3時	カボチャのおしべとめしべを調べる…⑫		34	49
第4時	花粉のはたらきを調べる…⑬		35	50
第5時	カボチャの受粉と実や種子の でき方についてまとめる…⑭		35	51
ポイント解説				36

3 動物の誕生…52

			解説とワーク シートの解答	ワークシート
第一次	メダカの観察			
第1時	メダカのオス,メスはどのような 違いがあるだろうか…①		53	60
第二次	メダカの卵			
第1時	メダカの卵はどのように育っていくのだろうか1…②		53	61
第2時	メダカの卵はどのように育っていくのだろうか2…③		54	62
第三次	魚が食べるもの			
第1時	池や水中には魚が食べるものがあるだろうか…④		54	63
第四次	顕微鏡の使い方			
第1時	顕微鏡を正しく使う…⑤		55	64
第五次	ヒトの誕生			
第1時	ヒトは母親の体内でどのように育って 誕生するのか1…⑥		55	65
第2時	ヒトは母親の体内でどのように育って 誕生するのか2…⑦		56	66
第六次	ヒトの受精卵			
第1時	ヒトの受精卵はどのように育っていくのだろうか…⑧		56	67
第2時	ヒトの成長に必要な養分はどこから得ているか, メダカの誕生と比べる…⑨		57	68
第3時	ヒトがどのように育ってきたかをまとめ, 他の動物や植物と比べる…⑩		57	69
ポイント解説				58

❹ 流れる水の働きと土地の変化…70

		解説とワークシートの解答	ワークシート
第一次	流れる水の働き		
第1時	侵食・運搬・堆積…①	71	78
第二次	地面を流れる水の働き		
第1時	流れる水と土山の様子1…②	71	79
第2時	流れる水と土山の様子2…③	72	80
第3時	流れる水と土山の様子3…④	72	81
第三次	川の流れとその働き		
第1時	川原や川岸の様子…⑤	73	82
第2時	上流・中流・下流の違い…⑥	73	83
第3時	川の流れと地形…⑦	74	84
第4時	川の流れと私たちの暮らし…⑧	74	85
ポイント解説			75

❺ 物の溶け方…86

		解説とワークシートの解答	ワークシート
第一次	物の溶け方		
第1時	水に溶ける食塩…①	87	94
第2時	水溶液とメスシリンダー…②	87	95
第二次	水に溶けた物のゆくえ		
第1時	水に溶けた食塩の重さ…③	88	96
第三次	物が水に溶ける量		
第1時	物が溶ける量の限界1…④	88	97
第2時	物が溶ける量の限界2…⑤	89	98
第3時	物が溶ける量の限界3…⑥	89	99
第4時	物が溶ける量の限界4…⑦	90	100
第四次	溶かした物を取り出す		
第1時	ミョウバンの濾過…⑧	90	101
第2時	濾液の冷却・蒸発1…⑨	91	102
第3時	濾液の冷却・蒸発2…⑩	91	103
ポイント解説			92

6 電流がつくる磁力…104

		解説とワークシートの解答	ワークシート
第一次	電磁石の働き		
第1時	電磁石の有用性…①	105	112
第2時	電磁石の特徴…②	105	113
第3時	電磁石作り…③	106	114
第二次	電磁石の極の性質		
第1時	電磁石のN極・S極…④	106	115
第三次	電磁石の強さ		
第1時	電流計の使い方…⑤	107	116
第2時	電源装置の使い方…⑥	107	117
第3時	電磁石の強さと条件1…⑦	108	118
第4時	電磁石の強さと条件2…⑧	108	119
第四次	電磁石を使って		
第1時	モーターの仕組み…⑨	109	120
第2時	シンプル・モーター…⑩	109	121
ポイント解説			110

7 振り子の運動…122

		解説とワークシートの解答	ワークシート
第一次	振り子の振れ方のきまり		
第1時	振り子とブランコ…①	123	130
第2時	振り子の仕組み…②	123	131
第3時	振り子とおもりの重さ…③	124	132
第4時	振り子と振り子の長さ…④	124	133
第5時	振り子と振れ幅…⑤	125	134
第二次	振り子の振れ方と条件の違い		
第1時	振れ幅と周期…⑥	125	135
第2時	振り子の長さと周期1…⑦	126	136
第3時	振り子の長さと周期2…⑧	126	137
第三次	振り子のきまりを使って		
第1時	ブランコをこぐ仕組み…⑨	127	138
第2時	落ちない振り子…⑩	127	139
ポイント解説			128

5年生理科の特徴

1 「条件制御」して考える

新学習指導要領では育成を目指す資質・能力として次の三つの柱が示されています。
ア．生きて働く「知識・技能」の習得
イ．未知の状況にも対応できる「思考力・判断力・表現力等」の育成
ウ．学びを人生や社会に生かそうとする「学びに向かう力・人間性等」の涵養

これを実現するのが「主体的・対話的で深い学び」であり，「見方・考え方」を働かせることが重要になると述べられています。

> 理科における「見方」は4つの領域で次のように特徴づけられています。
> 　　エネルギー領域：主として量的・関係的な視点
> 　　　　粒子領域：主として質的・実体的な視点
> 　　　　生命領域：主として共通性・多様性の視点
> 　　　　地球領域：主として時間的・空間的な視点
> 問題解決の過程における「考え方」は次のように整理されています。
> 　　　　　比較：複数の事物・現象を対応させ比べる方法
> 　　　関係付け：因果関係など，事物・現象を結び付けて考える方法
> 　　　条件制御：調べる要因と統一する要因とを区別して調べる方法
> 　　　多面的思考：自然の事物・現象を複数の側面から考える方法

4つの考え方はいずれの学年においても育成していきますが，特に5年生では「条件制御しながら調べる」ことを意識して指導します。

植物の発芽に日光が必要かどうかを調べるには覆いをして光を遮る以外の条件である「水・空気・温度」などは全て同じにするという科学的な方法を身につけさせます。

条件を制御して考える・調べる

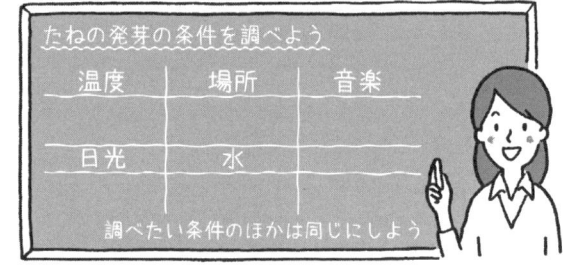

	変える条件		同じにする条件
日光	ア	当てる	肥料を週に2回ずつあたえる。水を毎日あたえる。
	イ	当てない	
肥料	ウ	あり	水を毎日あたえる。日光に当てる。
	エ	なし	

2 生き物と天気に翻弄される

　5年生の理科は生物と気象と地学分野で学習が予定通りには進みません。例えば，「植物の発芽・成長・結実」の単元では，条件制御の仕方を考えて種子をセットしても発芽するまでは次のステップに進むことができません。また，「動物の誕生」ではメダカが卵を産んでくれるまで単元そのものがスタートできません。同様に，「天気の変化」の単元では，ずっと同じ天候が続いたり，台風が発生したりしなければ学習になりません。そこで多くの先生は複数の単元を同時進行し，生物や天気に変化が見られたら時機を逃さず授業しています。下表はある年の授業運営の様子です。

日	曜	気温	天気	単元名	時	学習内容
4/12	水	17.7	晴時々曇	天気の変化	2	雲の種類と天気
4/14	金	24.7	快晴	植物の発芽・成長・結実	10	アブラナの花のつくりを観察しよう
4/17	月	19.6	雨時々曇	天気の変化	3	天気が変化するきまりⅠ
4/19	水	23.0	快晴	天気の変化	4	天気が変化するきまりⅡ
4/21	金	20.8	曇	天気の変化	5	気象情報による天気の予想
4/24	月	22.7	快晴	天気の変化	6	観天望気による天気の予想
4/26	水	16.9	雨	植物の発芽・成長・結実	1	種子の発芽にどんな条件が必要か
4/28	金	22.1	快晴	天気の変化	7	観天望気の予想と結果

　著者の住む「晴れの国」と呼ばれる岡山県でも天気に合わせて臨機応変に授業を進めています。おそらく他の都道府県の教室では，もっと天気に翻弄されながら理科の授業時間確保に苦労されているのではないかと推察します。学級担任の先生は国語や算数など時数の多い教科と差し替えて，晴耕雨読，いや「晴理科雨国語」で乗り切っているようです。その場合，天気と授業の実施記録を残しておき，後できちんと説明できるようにしておきます。しかし，難しいのは理科専科の先生です。昔の戯れ歌風に言うなら「理科専科殺すにゃ刃物は入らぬ，雨の三日も降ればいい」です。恨めしげに空を見つめていてもどうしようもありません。

　そんな時，ワークシートが活躍します。計画通りに進まない5年生の理科は1冊もののノートに書くよりも，1枚もののワークシートに書く方がずっと簡単なのです。毎時間のワークシートは封筒やファイルに保存しておきます。そして単元の終盤では貯めておいた既習のワークシートを広げて整理させ，新聞作りをしたり，発表会の準備をさせたりします。このようなポートフォリオ型の振り返り活動をすると，児童自身が単元全体を俯瞰して理解が深まり，学びが定着します。ワークシートを単にノートの代替品と考えるのではなく，より深い学びを実現するための有効な道具と考えてください。

1 天気の変化

1 天気の変化

子どもにとって，運動会や遠足だけでなく，体育の授業が雨で中止になるか否かは，大きな関心事です。しかし，西の空を見て天気の変化を予想しようとする子どもは多くありません。方位すら危うい上に，天気を左右する雲の動きに決まりがあることを知りません。そこで，大元である偏西風の存在を教え，雲の動きと天気の変化につなげます。また，科学的見地と科学的気象情報，昔ながらの観天望気の関連を明らかにし，天気の変化を積極的に調べようとする態度を育てます。さらに，台風に対する知識や備えについても学ばせます。

育成する資質・能力

【知識及び技能】

天気の変化は，雲の量や動きと関係があり，気象情報を用いて予想できることを理解する。

【思考力，判断力，表現力等】

天気の変化の仕方について追究する中で，天気の変化の仕方と雲の量や動きとの関係についての予想や仮説を基に，解決の方法を発想し，表現する。

【学びに向かう力，人間性等】

主に予想や仮説を基に，解決の方法を発想する力や主体的に問題解決しようとする態度を育成する。

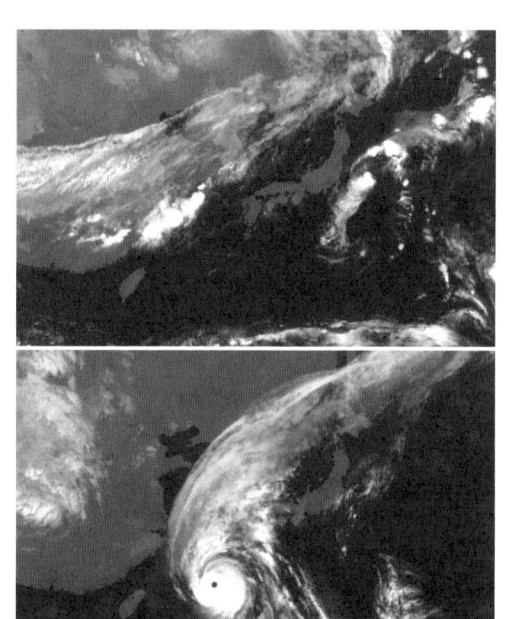

単元の構成
※丸付数字はワークシートの番号

第一次 雲の様子と天気の変化
- 第1時　雲の量と天気…①
- 第2時　雲の種類と天気…②

第二次 雲の動きと天気の変化
- 第1時　天気が変化するきまり1…③
- 第2時　天気が変化するきまり2…④

第三次 天気の変化の予想
- 第1時　気象情報による天気の予想…⑤
- 第2時　観天望気による天気の予想…⑥
- 第3時　観天望気の予想と結果…⑦

第四次 台風と天気の変化
- 第1時　台風の発生…⑧
- 第2時　台風の動き…⑨
- 第3時　台風による災害…⑩

解説とワークシートの解答

第一次 第1時 ワークシート① 「雲の量と天気」

目標 天気は雲の有無によって変わり，「晴れ」と「くもり」の違いは，雲の量で決められていることを理解できる。

準備物
- □方位磁針
- □デジカメ

授業の流れ

①雲の上に出ると，天気はどうなっているか考えて話し合う。

②4年の学習を想起し，雲の量と天気についての決まりごとを知る。

③雲の様子と天気の変化を調べる。

指導のポイント

- 雨が降っていても，飛行機で雨雲の上に出ると晴れていることを話し，日光が雲によって遮られることで，天気が変化することを押さえておきます。
- 4年で学んだ雲の量と天気についてさらに雲量を数値化して，天気が決められていることを知らせます。雲量0～1は「快晴」であることも教えておきます。
- 8方位だけでなく，16方位も教えておきたいものです。
- 1日の間に天気が特徴的に変わることは少ないので，日にちを変えて「晴れ」「くもり」「雨」のときの雲の様子，量，動きを記録して，違いを明らかにさせます。

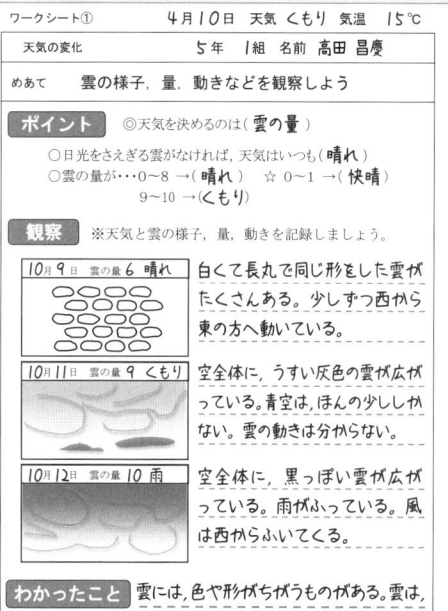

第一次 第2時 ワークシート② 「雲の種類と天気」

目標 十種雲形と各々の雲の特徴，分類・命名の決まり，天気との関連などを理解することができる。

準備物
- □十種雲形の画像
- □デジカメ

授業の流れ

①十種雲形とは何かを知る。

②各々の雲の特徴と見分け方を，天気・高度・形状などと関連付けて理解する。

③空を見上げて，雲の種類を特定する練習をする。

指導のポイント

- 普段から心がけて，十種雲形の特徴的な形状を写真に撮りためておきましょう。
- 覚えにくいのが「うす雲」と「おぼろ雲」の違い，「うね雲」です。「おぼろ」「うね」の意味が分かりにくく，仕方ありません。
- 「巻雲」などの正式名称には命名の約束事があります。中学での学びに繋がるよう，経験として指導したいと思います。
- 巻雲，巻積雲，高積雲は，偏西風によって西方にある積乱雲などから吹き出された「天気が崩れるお知らせ雲」だと説明します。
- 青空にそれらが見られると，1～3日後に天気が崩れる可能性が高いのです。

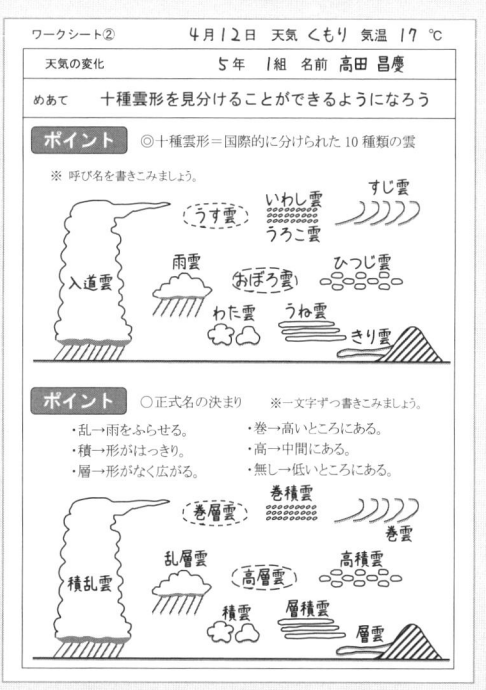

011

1 天気の変化

解説とワークシートの解答

第二次 第1時 ワークシート③ 「天気が変化するきまり1」

目標 天気が変化するのは，偏西風に流されて雲が動くからであることを理解できる。

準備物
- □Windytyの画像
- □PC

授業の流れ

① 天気が変化することに，何か決まりがあるかどうか話し合う。

② Windytyの画像や動画を見て，偏西風の存在を知る。

③ 偏西風の流れによって，雲がどのように動くか考える。

指導のポイント

- 天気の変化を予想するとき，西の空を見ることさえ知らない子どもが多いでしょう。そんなレベルの子どもたちに偏西風は難しいと思われるかもしれません。しかし，子どもたちは，いかにも科学的な偏西風という言葉をすぐに吸収して使えるようになります。
- Windytyなどで，上空10kmを台風より強い風が吹いている様子を見せることが大切です。
- 最近の天気予報で，偏西風が取り上げられることが多くなってきました。その存在を明らかにした方が，特に台風の進路予想など，気象現象を理解しやすいからでしょう。

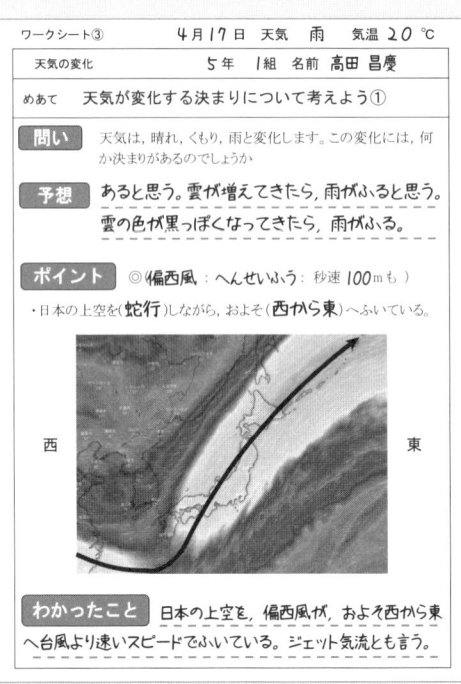

ワークシート③　4月17日　天気　雨　気温 20℃
天気の変化　5年　1組　名前 高田 昌慶

めあて 天気が変化する決まりについて考えよう①

問い 天気は，晴れ，くもり，雨と変化します。この変化には，何か決まりがあるのでしょうか

予想 あると思う。雲が増えてきたら，雨がふると思う。雲の色が黒っぽくなってきたら，雨がふる。

ポイント ◎偏西風：へんせいふう：秒速100mも）
・日本の上空を(蛇行)しながら，およそ(西から東)へふいている。

わかったこと 日本の上空を，偏西風が，およそ西から東へ台風より速いスピードでふいている。ジェット気流とも言う。

第二次 第2時 ワークシート④ 「天気が変化するきまり2」

目標 天気が変化するのは，偏西風に流されて雲が動くので，天気もおよそ西から東へ変わっていくことを理解できる。

準備物
- □お天気アニメーターの画像
- □PC

授業の流れ

① 偏西風の流れと雲の動きとの関係について話し合う。

② 偏西風の流れと雲画像を重ねて見る。

③ 偏西風の流れ，雲の動き，天気の変化の関係をまとめる。

指導のポイント

- 雲が，空中に浮かんだ小さな水や氷の集まりであることを再確認しておきます。
- 台風をも運び去る偏西風の強さによれば，普通の雲も，簡単に運ばれるだろうという予想に抵抗はないでしょう。
- お天気アニメーターで雲の流れを見せ，偏西風と重ね合わせて，考えさせます。
- 雲は北東に向かって運ばれていくことが多いのですが，偏西風は蛇行しているので，「雲はおよそ西から東へ動く」と表現することを押さえます。
- 何度か西空を見て天気の変化を予想する機会をもつと，見えない偏西風を意識させられます。

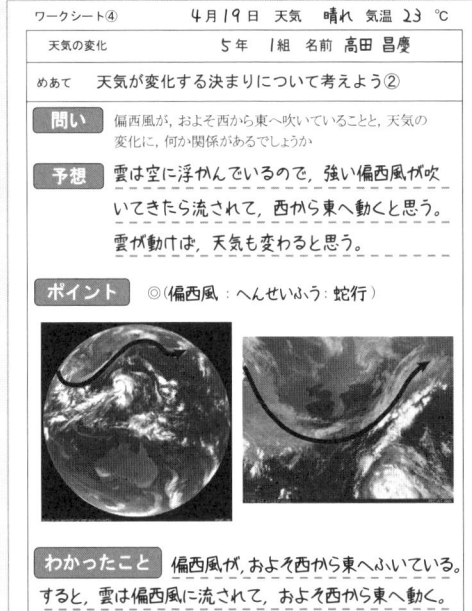

ワークシート④　4月19日　天気　晴れ　気温 23℃
天気の変化　5年　1組　名前 高田 昌慶

めあて 天気が変化する決まりについて考えよう②

問い 偏西風が，およそ西から東へ吹いていることと，天気の変化に，何か関係があるでしょうか

予想 雲は空に浮かんでいるので，強い偏西風が吹いてきたら流されて，西から東へ動くと思う。雲が動けば，天気も変わると思う。

ポイント ◎(偏西風：へんせいふう：蛇行)

わかったこと 偏西風が，およそ西から東へふいている。すると，雲は偏西風に流されて，およそ西から東へ動く。だから，天気も，およそ西から東へ変わっていく。

解説とワークシートの解答

第三次 第1時 ワークシート⑤ 「気象情報による天気の予想」

目標 気象衛星の雲画像やアメダスなどからの情報で、天気予報が出されていることが理解できる。

準備物
□各地の雲画像、降水量、雲の様子の情報
□気象衛星やアメダスなどの画像

授業の流れ
①天気予報ために、科学的な手段で気象情報が集められていることを知る。
↓
②各地の雲画像、アメダス降水量、雲の様子を見比べて、天気の変化を確認する。
↓
③西にある地域の天気が、どれぐらいの時間で移り変わってくるか話し合う。

指導のポイント
●雲画像の他に、アメダスによる降水量や雨雲レーダーなどの情報が、テレビやスマホなどで簡単に得られることを知らせます。
●気象衛星や気象レーダー、アメダスなどの画像を見せて、説明を加えます。
●教科書の各地の天気がどのように変化していくのかを、雲画像、アメダス降水量、雲の様子を見比べて調べます。
●各地の雲の様子、特に雨と晴れを斜めに見ることで、天気の移り変わりの周期が見えてくると思います。
●どの地域の天気を見れば、明日の天気が分かるのか調べさせます。

ワークシート⑤　4月21日　天気 くもり　気温 21℃
天気の変化　　5年　1組　名前 髙田 昌慶
めあて　科学的な気象情報で、天気を予想しよう

ポイント ○科学的な気象情報をもとにした天気予報

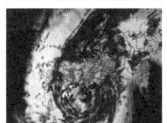
◎（人工衛星）による（雲画像）
・日本の気象衛星「ひまわり8号」
・地球3個分ぐらいはなれた宇宙にある。
・地球の1/4をカバーしている。
・地球の自転と同じ速さで動いているので、いつも同じところを観測できる。

◎（気象レーダー）による雨の様子
・全国に20ヶ所ある。
・アンテナを回転させて電波を発射し、もどって来るまでの時間から、雨雲などまでの距離を測る。
・電波の強さで、雨などの強さが分かる。

◎（アメダス）による（降水量）
・全国に約1300ヶ所ある。
・「Automated Meteorological Data Acquisition System」→AMeDAS
・降水量、風向・風速、気温、日照時間を自動的に観測している観測所もある。

わかったこと 科学的に、様々な気象情報が集められている。天気予報は、気象庁が発表している。テレビやスマホ、ラジオや新聞などで、情報を知ることができる。

第三次 第2時 ワークシート⑥ 「観天望気による天気の予想」

目標 現代にまで受け継がれてきた生活の知恵である観天望気は、科学的見地から見ても、正しく天気を予想できることを理解できる。

準備物
□観天望気の例　□観天望気レポート
□雲画像　□天気図
□雨雲レーダーのデータ

授業の流れ
①観天望気とは何か、どのようなものがあるのかを知る。
↓
②観天望気レポートを見て、見通しをもつ。
↓
③観天望気は、科学的データに裏づけされていることを知る。

指導のポイント
●観天望気の事例プリントを配布します。図書やスマホなどでも事例を探させましょう。
●科学的データのなかった昔から、生活の知恵として伝わってきていること、気象予報士にとっては基本であることを知らせます。
●非科学的なようですが、科学的に見ても、十分正しい判断であることを、具体例で説明します。右の2つは、70〜90%の高的中率の事例です。
●先輩の観天望気レポートを見せることで、見通しが立ち、意欲も高まります。
●1か月に1枚ずつレポートさせます。

ワークシート⑥　4月24日　天気 晴れ　気温 23℃
天気の変化　　5年　1組　名前 髙田 昌慶
めあて　観天望気で、天気を予想しよう

ポイント ◎観天望気（かんてんぼうき）
○天気についての、ことわざや言い伝え。
○雲や風、生き物の様子などから、天気を予想することができる。
☆科学的データから見ても、正しく予想されているものが多い。

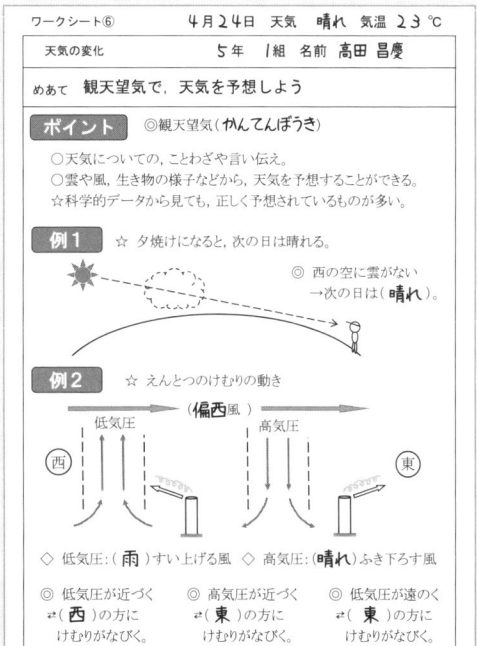

例1　☆ 夕焼けになると、次の日は晴れる。
◎ 西の空に雲がない
→次の日は（晴れ）。

例2　☆ えんとつのけむりの動き
←（偏西風）→
低気圧　　　　　　　　高気圧
（西）　　　　　　　　（東）
◇ 低気圧：（雨）すい上げる風　◇ 高気圧：（晴れ）ふき下ろす風
◎ 低気圧が近づく　◎ 高気圧が近づく　◎ 低気圧が遠のく
↙（西）の方に　　↙（東）の方に　　↙（東）の方に
けむりがなびく。　けむりがなびく。　けむりがなびく。

1 天気の変化

解説とワークシートの解答

第三次 第3時 ワークシート⑦ 「観天望気の予想と結果」

目標 観天望気が当たるのかどうか実際に調べることで,昔から現代にまで受け継がれてきた生活の知恵の価値を理解することができる。

準備物 □観天望気レポート

授業の流れ

自分で選んだ観天望気が当たるかどうか予想する。

②調べた結果を絵と文章でまとめ,感想を付記してレポートに仕上げる。

レポートを班で見合ったり,全体の場で報告したりする。

指導のポイント

- 1枚のワークシートに,1～2つの観天望気をレポートさせます。
- ①観天望気②自分の予想③結果④判定⑤感想という構成でまとめさせます。
- 言葉だけでなく,絵を「色鉛筆」で描かせるようにしています。
- 夏休みに1枚,9月に1枚仕上げさせ,授業の初めに,各班1人ずつ発表させます。
- 観天望気調査にハマる子が少なくありません。多い例では,1人で20以上もレポートした子も。
- 一通り発表が終わったら「夕焼け」と「煙突の煙」について当たり外れを調べると,70～80％の高確率で当たることが分かります。

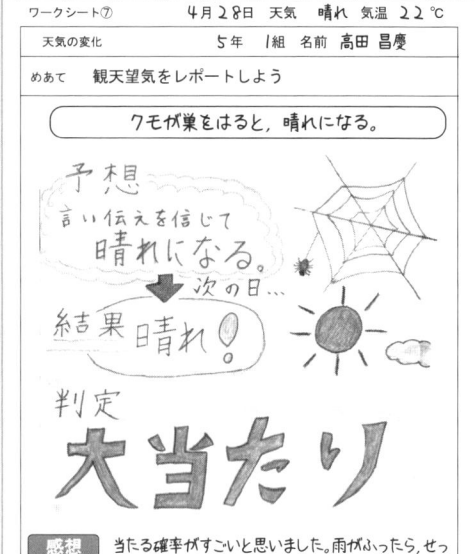

第四次 第1時 ワークシート⑧ 「台風の発生」

目標 巨大な台風の形状がCDのようであることを知るとともに,南の海上で水蒸気をエネルギー源として発生・発達することを理解できる。

準備物 □台風情報 □CDとガムテープ □NHK for School

授業の流れ

①台風の衛星画像を見て,その巨大さを実感する。

②形状のイメージは,CDタイプかガムテープタイプか考えて話し合う。

動画を視聴して,なぜ南の海上で発生し,発達するのか理解する。

指導のポイント

- 日本列島を覆い尽くすような巨大な台風の衛星画像を見せます。
- CDとガムテープを提示し,台風の形状イメージはどちらかと問います。分厚いガムテープタイプだと思っている子どもは少なくありません。
- あの暴風雨をもたらす台風が,地球規模で見ると薄っぺらいことに驚くことでしょう。
- 雲が吸い寄せられている動画を視聴させます。南の海上の海水温,水蒸気量などの関連を説明します。
- 水蒸気を含んだ空気は,意外にも軽くなって上昇気流が発生すること,潜熱でさらに上昇気流が強まることを補説しましょう。

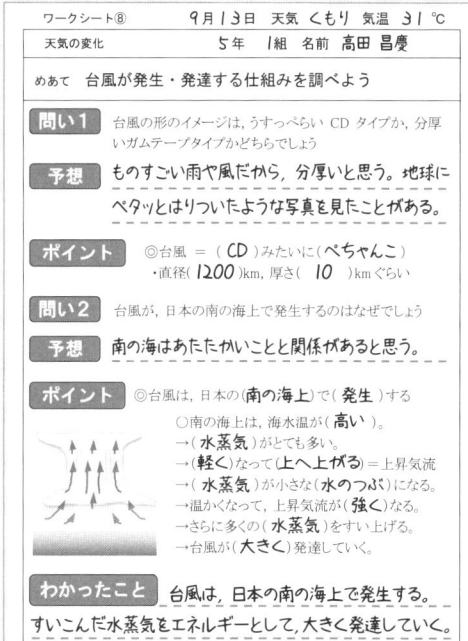

第四次 第2時 ワークシート⑨ 「台風の動き」

目標 台風は，南から北の方へ動くという決まりがあること，日本付近で偏西風に流されて東の方へ動くことを理解できる。

準備物
- □台風の雲画像　□NHK for School
- □お天気アニメーター
- □Windyty

授業の流れ

① 台風は，太平洋高気圧などの影響を受けて，西の方へ動くことを知る。

② 次第に発達しながら南から北の方へ動くことを知る。

③ 日本付近で偏西風の影響を受け，東の方へ動くことを知る。

指導のポイント

- お天気アニメーターで台風を早めに動かし，発生から消滅までの様子を見せます。
- さらに台風の経路図を見せて，基本的に南から北へ動くことを押さえます。
- 天気図などで太平洋高気圧の存在を提示し，その影響で，発生後しばらくは西方へ動くことを知らせます。
- 南から北の方へ動き，日本に近づく様子を確認させます。
- 日本の上空を，台風より強い偏西風が流れていることを想起させ，その影響で，台風が東の方へスピードアップして流されていくことを理解させます。

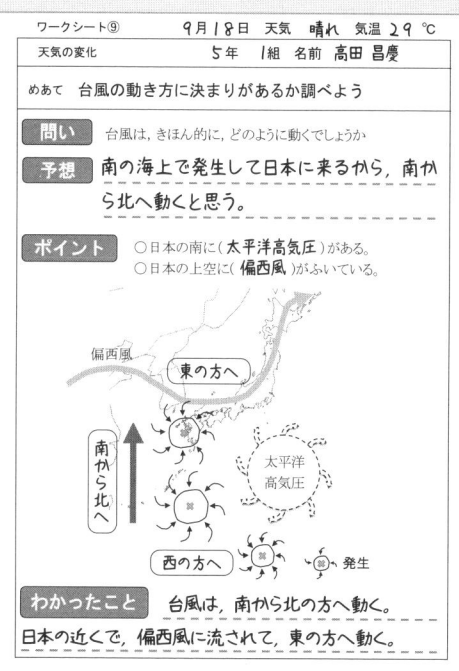

第四次 第3時 ワークシート⑩ 「台風による災害」

目標 台風の大雨や強風による災害の実例や防災のための工夫を知り，被害を少なくするため，自分にできることについて考える。

準備物
- □風水害や防災，救助や復興に関する写真やビデオ

授業の流れ

① 大雨や強風で発生する災害の写真やビデオを見る。

② 風水害を防ぐための工夫の写真やビデオを見る。

③ 防災のために自分にできることを考える。

指導のポイント

- 「流れる水の働き」で，水害について学び感じています。
- これまで，台風による風水害などにあった経験がないか聞いてみます。その際，親族が大きな被災をしていないか配慮します。
- 日本を縦断した台風について，新聞やネットで資料を集め，風水害の悲惨な被災状況を知らせることで，自分ごととして災害を捉えられるようにします。
- 被災地で救助にあたる人々，復興のために努力する人々，ボランティアの尽力などの資料も集めて提示し，今の自分だけでなく，これからの自分にできることを考えさせます。

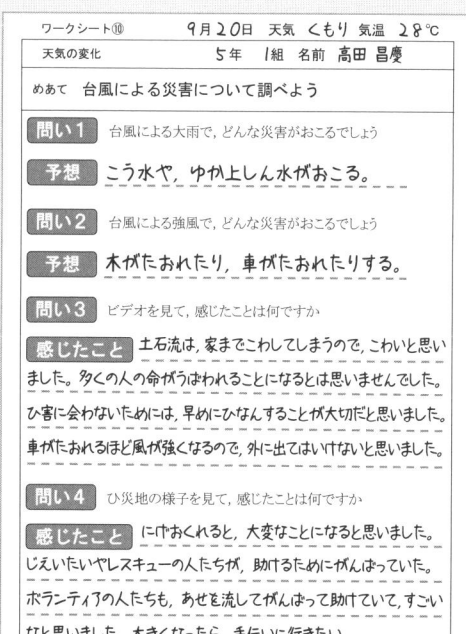

1 天気の変化

ポイント解説

指導のアイデア

お天気アニメーター

台風が発生したら，消滅するまでデータを更新していきます。全球赤外線画像で，台風の発生が南の海上であり，台風が発達しながら南から北へ動き，偏西風によって，東へ吹き飛ばされるように動くことが確認できる優れ物です。さらに，天気図で太平洋高気圧の存在を，アメダスで降水量の変化を知ることができます。また，月面などから地球を見ると，地球も満ち欠けしていることが分かります。Windowsのフリーソフトなので，活用してください。

Windyty

これもフリーソフトでWindowsでもMacでも使えます。色で風速の違いが分かるので，台風や偏西風の強風の様子がよく分かります。また，気圧配置も分かります。以前，東北地方を横断した台風の動きが，予報で示されていました。ありえない動きですが，そのときの偏西風の流れがそうなっていたのです。それ以降でしょうか，天気予報でも，偏西風の動きが説明に組み入れられることが多くなりました。

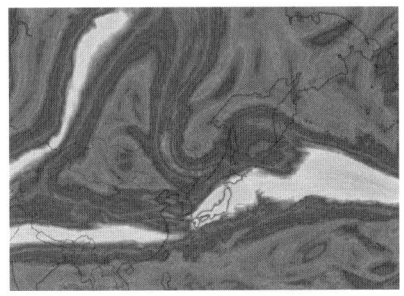

観天望気ベスト4

「観天望気のレポートを出しなさい」と投げかけても，子どもは困惑してしまいます。そこで，観天望気の事例をプリントしたものを配布すること，レポートの実例を提示することが必要です。できれば，お手本となる先輩のレポートを蓄積しておき，それらを回覧させると効果的です。

観天望気の事例は，ネットで検索することができます。追加で，子ども自身に調べさせてもよいでしょう。

「空をながめて：観天望気とは」(http://www.ogaki-city.ed.jp/open/kdata/tenki/what.htm)

「空をながめて：言い伝えは本当？」

(http://www.ogaki-city.ed.jp/open/kdata/tenki/iitutae/index.html)

文章だけではピンとこないでしょう。画像があると分かりやすいので，ネットから集めるのもよいのですが，サイズが小さかったり，典型的な様子ではないものが多いのです。そこで，私自身が日頃から心がけ，これぞ！と思う画像を撮り溜めました。それをA3に拡大印刷して提示するようにしています。

数ある観天望気の中で，比較的見かけることが多く当たる確率も高いのが，次の4つです。これらを調べると観天望気の有用性が実感できるので，必ずチェックさせましょう。

①「夕焼けの翌日は晴れ」

　夕焼けは西の空で見られます。太陽から届く光が遮られなければ，私たちの目に届きます。しかし，間に雲があれば，光が遮られて日光は届きません。つまり，夕焼けが見られるということは，西の方に雲がなく，その晴れの状態が翌日移動してくるということになります。

②「煙突の煙が西になびけば雨になる」

　煙突の煙の元は，ほとんど小さな水の粒です。ですから，吹き流しのように，風向き通りになびきます。天気を崩す低気圧では上昇気流が強く，周囲の空気を吸い込みます。その低気圧が西から近づくと，西の方へ空気が吸い込まれ（風が吹き），煙も西になびくのです。

③「煙突の煙が東になびけば晴れる」

　天気が好転する高気圧は下降気流が強く，周囲に空気を吹き出します。その高気圧が西から近づくと，西の方から空気が吹き出され（風が吹き），煙は東になびきます。

　また，天気を崩した低気圧が東に去れば，そちらに空気が吸い込まれ，東の方へ風が吹きます。そのため，煙は東になびくことになります。

④「すじ雲が出れば晴れるが，2～3日後に雨になる」

　すじ雲は，高い高度で積乱雲などから偏西風によって吹き流された雲の一部です。雨雲本体はまだ遠くにあるので，その日や翌日は晴れです。しかし，2～3日後には本体が到達するので，天気が崩れるのです。いわし・うろこ雲やひつじ雲も同様に，天気が崩れるお知らせ雲です。

観天望気レポート例

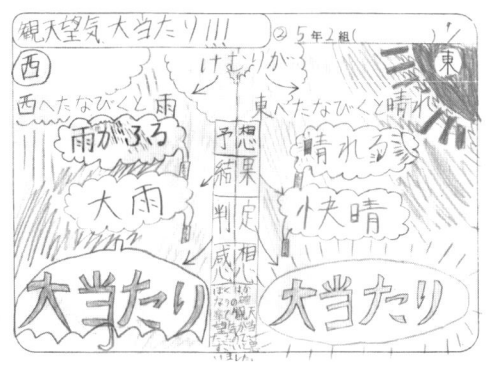
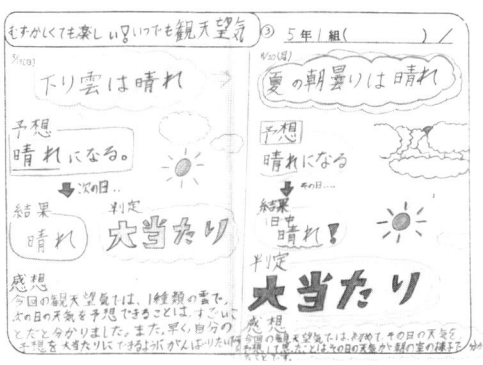
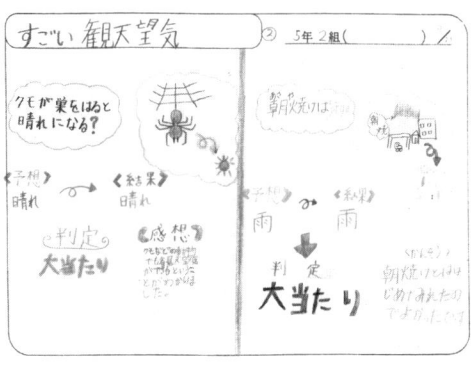

ワークシート①　　　　月　　日　天気　　　　気温　　　℃

| 天気の変化 | 年　　組　名前 |

めあて　雲の様子，量，動きなどを観察しよう

ポイント
◎天気を決めるのは（　　　　）
○日光をさえぎる雲がなければ，天気はいつも（　　　　）
○雲の量が…0〜8 →（　　　）　☆ 0〜1 →（　　　）
　　　　　9〜10 →（　　　）

観察　※天気と雲の様子，量，動きを記録しましょう。

　月　　日　雲の量

　月　　日　雲の量

　月　　日　雲の量

わかったこと

ワークシート②	月　　日　天気　　　　気温　　　℃
天気の変化	年　　組　名前

めあて　十種雲形を見分けることができるようになろう

ポイント　◎十種雲形＝国際的に分けられた 10 種類の雲

※ 呼び名を書きこみましょう。

ポイント　○正式名の決まり　　※一文字ずつ書きこみましょう。

- 乱→雨をふらせる。
- 積→形がはっきり。
- 層→形がなく広がる。
- 巻→高いところにある。
- 高→中間にある。
- 無し→低いところにある。

ワークシート③　　　　　月　　日　天気　　　　気温　　　℃

| 天気の変化 | 年　　組　名前 |

めあて　**天気が変化する決まりについて考えよう①**

問い　天気は，晴れ，くもり，雨と変化します。この変化には，何か決まりがあるのでしょうか

予想

ポイント　◎(　　　：　　　：秒速　　m も　)

・日本の上空を(　　　)しながら，およそ(　　　　)へふいている。

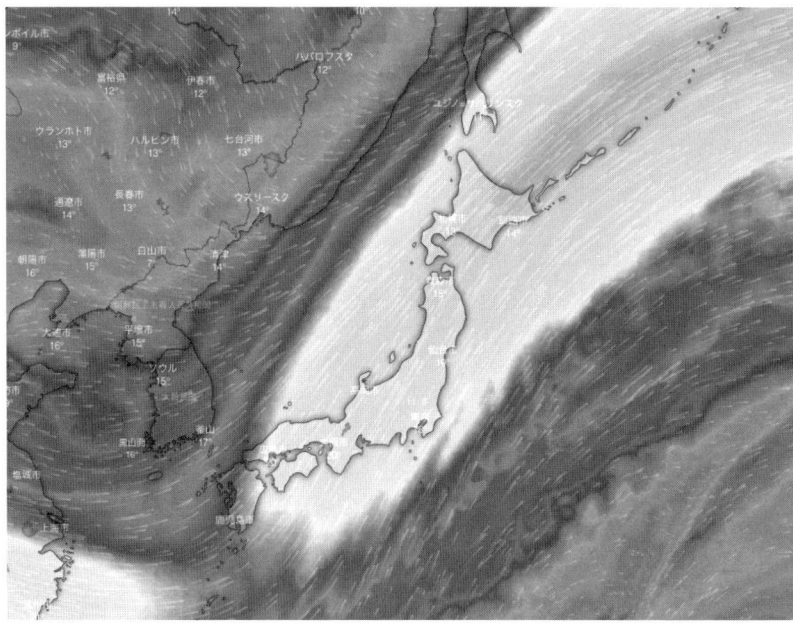

西　　　　　　　　　　　　　　　　　　　　　　東

わかったこと

ワークシート④　　　　　　　　月　　日　天気　　　　気温　　　℃

| 天気の変化 | 年　　組　名前 |

めあて　天気が変化する決まりについて考えよう②

問い　偏西風が，およそ西から東へ吹いていることと，天気の変化に，何か関係があるでしょうか

予想

ポイント　◎（　　　　：　　　　：　　　）

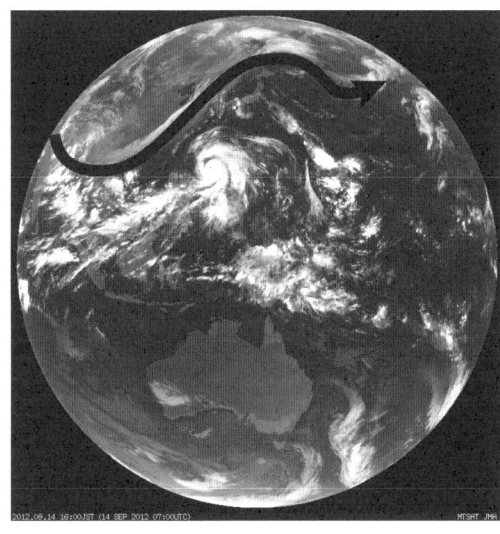 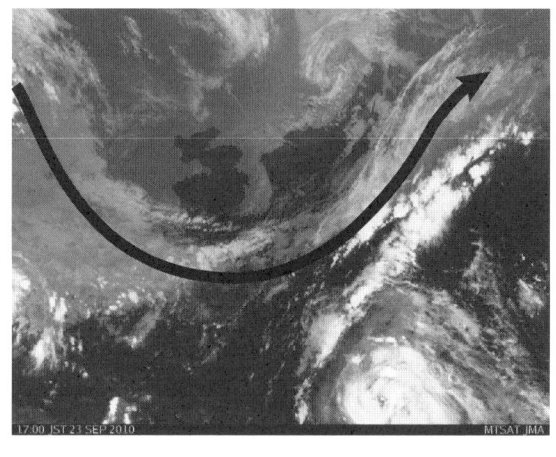

わかったこと

ワークシート⑤　　　　月　　日　天気　　　　気温　　　　℃

天気の変化　　　　　　　　　　年　　組　名前

めあて　科学的な気象情報で，天気を予想しよう

ポイント　○科学的な気象情報をもとにした天気予報

◎　（　　　　　　）による（　　　　　）
・日本の気象衛星「ひまわり8号」
・地球3個分ぐらいはなれた宇宙にある。
・地球の1/4をカバーしている。
・地球の自転と同じ速さで動いているので，いつも同じところを観測できる。

◎　（　　　　　　　　）による雨の様子
・全国に20ヶ所ある。
・アンテナを回転させて電波を発射し，もどって来るまでの時間から，雨雲などまでの距離を測る。
・電波の強さで，雨などの強さが分かる。

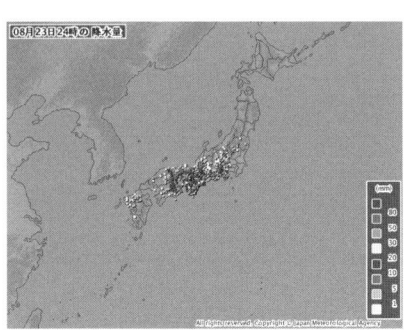

◎　（　　　　　）による（　　　　　）
・全国に約1300ヶ所ある。
・「Automated Meteorological Data Acquisition System」→AMeDAS
・降水量，風向・風速，気温，日照時間を自動的に観測している観測所もある。

わかったこと

ワークシート⑥　　　　　月　　日　天気　　　　気温　　　℃

天気の変化　　　　　　　　　年　　組　名前

めあて　観天望気で，天気を予想しよう

ポイント

◎観天望気（　　　　　　　）

○天気についての，ことわざや言い伝え。
○雲や風，生き物の様子などから，天気を予想することができる。
☆科学的データから見ても，正しく予想されているものが多い。

例1

☆ 夕焼けになると，次の日は晴れる。

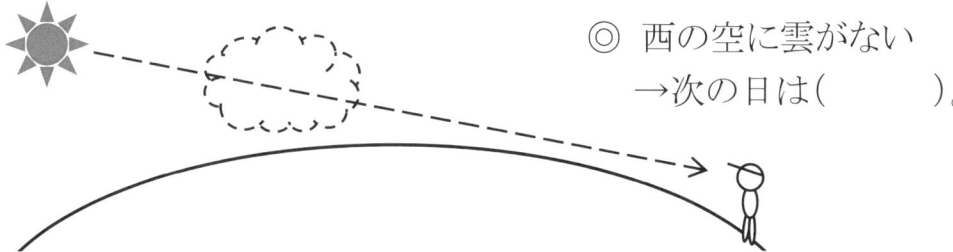

◎ 西の空に雲がない
→次の日は（　　　）。

例2

☆ えんとつのけむりの動き

（　　　風　）

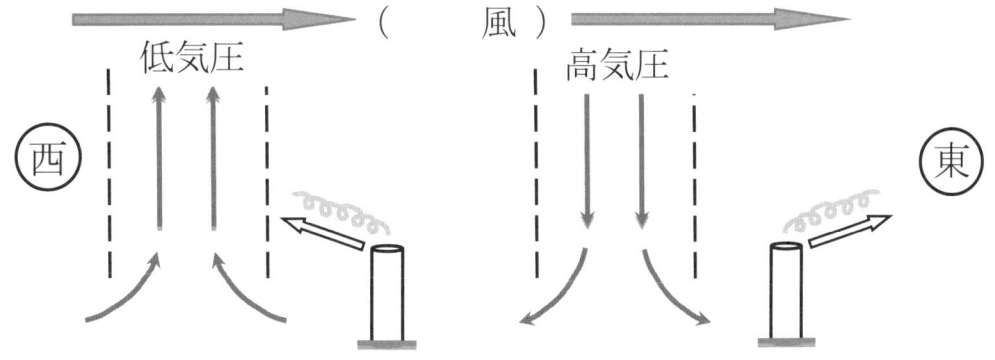

◇ 低気圧：（　　）すい上げる風　◇ 高気圧：（　　）ふき下ろす風

◎ 低気圧が近づく
⇄（　　）の方に
けむりがなびく。

◎ 高気圧が近づく
⇄（　　）の方に
けむりがなびく。

◎ 低気圧が遠のく
⇄（　　）の方に
けむりがなびく。

ワークシート⑦	月　　日　天気　　　　気温　　　℃

天気の変化	年　　組　名前

めあて　観天望気をレポートしよう

感想

ワークシート⑧	月　　日　天気　　　　気温　　　℃
天気の変化	年　　組　名前

めあて　台風が発生・発達する仕組みを調べよう

問い1　台風の形のイメージは，うすっぺらい CD タイプか，分厚いガムテープタイプかどちらでしょう

予想

ポイント
◎台風 ＝（　　　）みたいに（　　　　　　）
・直径（　　　　）km，厚さ（　　　　）kmぐらい

問い2　台風が，日本の南の海上で発生するのはなぜでしょう

予想

ポイント
◎台風は，日本の（　　　　　）で（　　　　）する 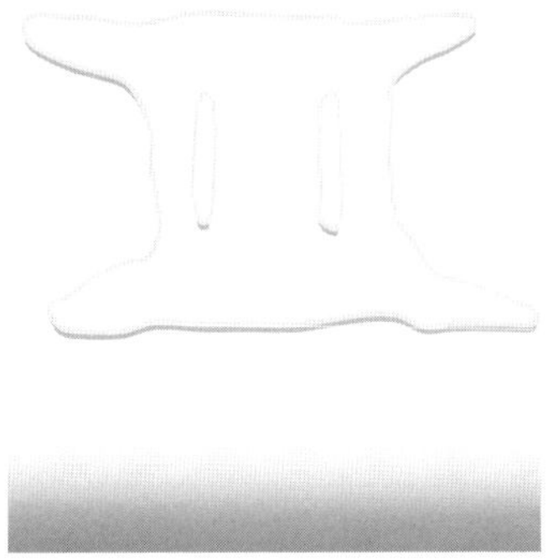
　○南の海上は，海水温が（　　　　）。
　→（　　　　　）がとても多い。
　→（　　　）なって（　　　　　　）＝上昇気流
　→（　　　　　）が小さな（　　　　　　）になる。
　→温かくなって，上昇気流が（　　　　）なる。
　→さらに多くの（　　　　　）をすい上げる。
　→台風が（　　　　）発達していく。

わかったこと

ワークシート⑨	月　日　天気　　　気温　　　℃
天気の変化	年　組　名前

めあて　台風の動き方に決まりがあるか調べよう

問い　台風は, きほん的に, どのように動くでしょうか

予想

ポイント
○日本の南に(　　　　　　　)がある。
○日本の上空に(　　　　　　)がふいている。

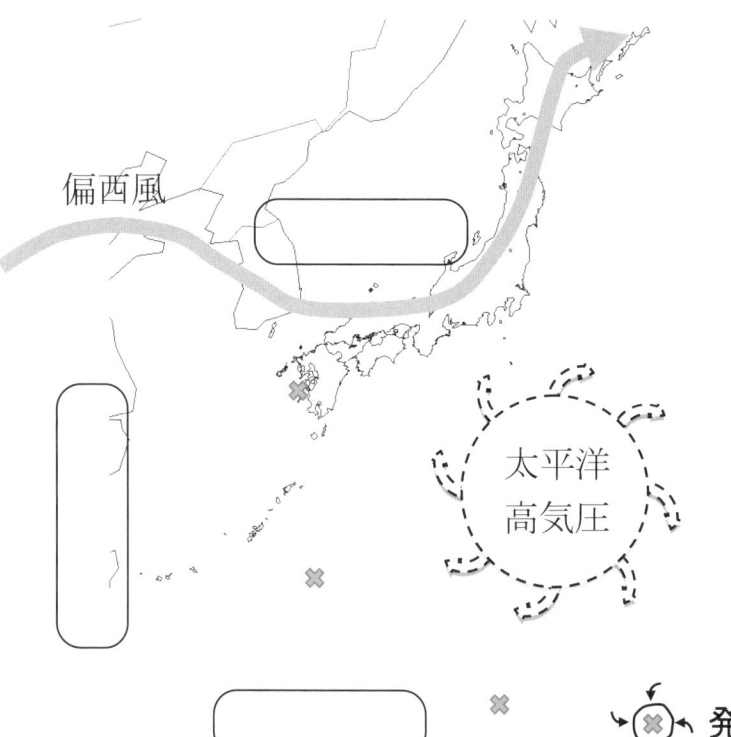

偏西風

太平洋
高気圧

発生

わかったこと

ワークシート⑩	月　　日　天気　　　　気温　　　℃
天気の変化	年　　組　名前

めあて　台風による災害について調べよう

問い1　台風による大雨で, どんな災害がおこるでしょう

予想

問い2　台風による強風で, どんな災害がおこるでしょう

予想

問い3　ビデオを見て, 感じたことは何ですか

感じたこと

問い4　ひ災地の様子を見て, 感じたことは何ですか

感じたこと

2 植物の発芽・成長・結実

この単元では人工的に条件を定め，その条件下で植物が発芽するか否か，成長するか否かを予想し，結果を出して結論づけます。理科の実験は条件を設定し，その条件以外のものは同じにします。そうでないと何の影響で発芽したのか成長したのか分からなくなるからです。その条件付けを多くできるのがこの単元です。時間があったら，条件も整えずにやってみて失敗し，やはり条件が必要だということを体験から学ばせるのもいいかも知れません。実験だけでなく，実験を考えさせるところから始めると，討論ができ，新学習指導要領で求められる「学びに向かう力」が育つことと思われます。

育成する資質・能力

【知識及び技能】

植物の育ち方について，発芽，成長及び結実の様子に着目して，それらに関わる条件を制御しながら調べる活動を通して，次の事項を身に付けることができるよう指導する。

ア 次のことを理解するとともに，観察，実験などに関する技能を身に付けること。

(ア)植物は，種子の中の養分を基にして発芽すること。

(イ)植物の発芽には，水，空気及び温度が関係していること。

(ウ)植物の成長には，日光や肥料などが関係していること。

(エ)花にはおしべやめしべなどがあり，花粉がめしべの先に付くとめしべのもとが実になり，実の中に種子ができること。

【思考力，判断力，表現力等】

イ 植物の育ち方について追究する中で，植物の発芽，成長及び結実とそれらに関わる条件についての予想や仮説を基に，解決の方法を発想し，表現すること。

【学びに向かう力，人間性等】

主に予想や仮説を基に，解決の方法を発想する力や生命を尊重する態度，主体的に問題解決しようとする態度を育成する。

単元の構成 ※丸付数字はワークシートの番号

第一次 種子が発芽する条件
- 第1時 種子が発芽するにはどんな条件が必要か…①
- 第2〜5時 種子の発芽に必要な条件を調べる…②〜⑤

第二次 種子の発芽と養分
- 第1時 種子には発芽に必要な養分が含まれているか…⑥
- 第2時 種子のつくりを調べる…⑦
- 第3〜4時 植物が成長する条件を調べる…⑧〜⑨

第三次 植物の結実
- 第1時 アブラナの花のつくりを観察する…⑩
- 第2時 カボチャの花のつくりを調べる…⑪
- 第3時 カボチャのおしべとめしべを調べる…⑫
- 第4時 花粉のはたらきを調べる…⑬
- 第5時 カボチャの受粉と実や種子のでき方についてまとめる…⑭

解説とワークシートの解答

第一次 第1時 ワークシート① 「種子が発芽するにはどんな条件が必要か」

目標 種子が発芽するためにはどのような条件が必要なのか調べよう。

準備物
- □ホワイトボード
- □インゲンマメ等の種子

授業の流れ

① 種子はどうすれば発芽するか考え、予想する。

② 水や養分、光や温度などの項目を出し、実験を組み立てる。

③ 発芽に必要な条件を書き上げ、調べたい項目以外は条件をそろえる工夫をする。

指導のポイント

● 植物の発芽の1時間目ですが、これからずっと実験・観察が続きます。できればこの1時間は「実験を組む」時間にさせたいです。

● 複数の条件が絡む実験は初めてなので、調べたい項目以外はすべて「条件を同じにする」という基本を押さえましょう。これを理解させるだけでも1時間の授業を行う意味はあります。

● ここで言う「発芽」は厳密には「発根」ですが、発芽の意味が「種皮から芽や根が出ること」となっているので、合わせて発芽とします。

ワークシート① 4月26日 天気 雨 気温 17℃
植物の発芽・成長・結実 5年 1組 名前 國眼 厚志
めあて 種子が発芽するにはどんな条件が必要か考えよう

問い 種子はどうすれば発芽するだろうか

根が出ても「発芽」という

予想
・あたたかくなる(温度が必要)
・日光がいる(光が必要)
・土がいる(栄養が必要)
・空気が必要
・水が必要 ・肥料が必要

これからの実験を組み立てる
発芽に必要な条件は何か実験で調べる
① 水は発芽に必要か
② 空気は発芽に必要か
③ 適当な温度は発芽に必要か
・実験するときは調べたい項目以外は条件をそろえる

第一次 第2時 ワークシート② 「水は発芽に必要な条件か」

目標 水は発芽するのに必要な条件か調べよう。

準備物
- □プリンカップ □インゲンマメ
- □脱脂綿 □ホワイトボード

授業の流れ

① 水を与えないインゲンマメが発芽するかを考える。

② どんな条件で実験したら良いかを話し合う。

③ 水以外の条件を同じにして実験を組む。

指導のポイント

● 本時から3時間はそれぞれの条件での発芽実験です。でも1時間の中で結果が分かるのでは無く、3日~4日はかかります。そこで「結果」は空けておき、次の実験に取りかかります。数日経って一度に結果が出るかも知れません。

● 給食のプリンカップをたくさん残しておきましょう。種子の発芽率は7割程度なので1つのカップに3~4個は種子を入れておきましょう。

● 水以外の条件は同じにします。日光の影響は無いのですが、条件を揃えるため日当たりは同じにしましょう。

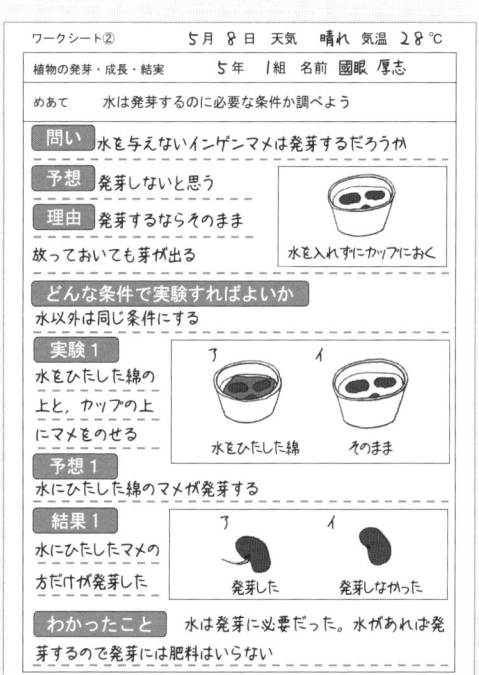

ワークシート② 5月8日 天気 晴れ 気温 28℃
植物の発芽・成長・結実 5年 1組 名前 國眼 厚志
めあて 水は発芽するのに必要な条件か調べよう

問い 水を与えないインゲンマメは発芽するだろうか
予想 発芽しないと思う
理由 発芽するならそのまま放っておいても芽が出る

水を入れずにカップにおく

どんな条件で実験すればよいか
水以外は同じ条件にする

実験1
水をひたした綿の上と、カップの上にマメをのせる

ア 水をひたした綿 イ そのまま

予想1
水にひたした綿のマメが発芽する

結果1
水にひたしたマメの方だけが発芽した

ア 発芽した イ 発芽しなかった

わかったこと 水は発芽に必要だった。水があれば発芽するので発芽には肥料はいらない

029

2 植物の発芽・成長・結実

解説とワークシートの解答

第一次 第3時 ワークシート③ 「空気は発芽に必要な条件か」

目標 ▶ 空気は発芽するのに必要な条件だろうか調べよう。

準備物
- □プリンカップ　□インゲンマメ
- □脱脂綿　□ホワイトボード

授業の流れ

①空気に触れないインゲンマメが発芽するかを考える。

②どんな条件で実験したら良いかを話し合う。

③空気以外の条件を同じにして実験を組む。

指導のポイント

●本時は条件の項目が違うだけで第2時とほとんど同じように考えます。全体を水につけると「空気に触れない」だけでなく、「くさらせてしまう」と思う子も出てくるかも知れません。その場合はエアポンプで空気を送ると視覚的にも他は同じ条件になったような気がします（エアポンプでも発芽します）。

●空気以外の条件をそろえるので、どちらも水は要ります。綿に水をしませて第2時と同じように実験しましょう。

第一次 第4時 ワークシート④ 「温度は発芽に必要な条件か」

目標 ▶ 温度は発芽するのに必要な条件か調べよう。

準備物
- □プリンカップ　□インゲンマメ
- □脱脂綿　□ホワイトボード
- □冷蔵庫　□段ボール箱

授業の流れ

①冷蔵庫の中でインゲンマメが発芽するかを考える。

②どんな条件で実験したら良いかを話し合う。

③温度以外の条件を同じにして実験を組む。

指導のポイント

●温度は「空気」や「水」のように「もの」ではないので、「与える」「与えない」という選択では無く、「普通に置く」「温度を下げる」という違いになります。だからどうしても少しくらいは発芽しそうです。予想を裏切るのも大切です。

●冷蔵庫を閉じれば真っ暗になるので条件を合わせるために、段ボールを使って暗くします。そのあたりが子どもから出てくればしめたものです。

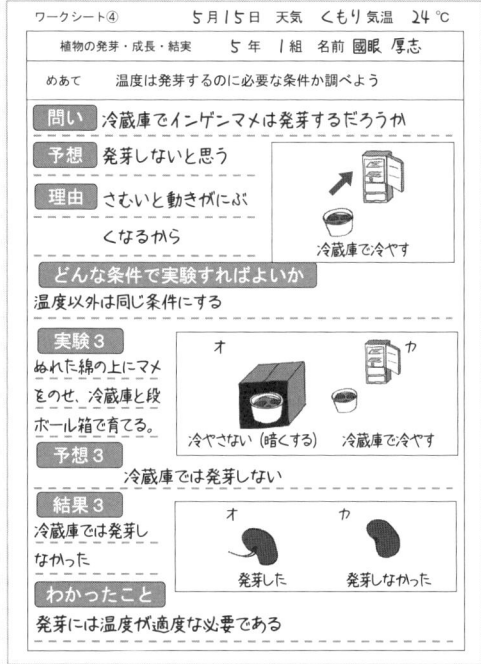

解説とワークシートの解答

第一次 第5時 ワークシート⑤「種子が発芽する条件のまとめ」

目標 種子が発芽する条件をまとめよう。

準備物
- 実験で使ったインゲン豆
- ホワイトボード

授業の流れ

①3つの実験を思い出し表に記入する。

↓

②発芽に必要な条件をまとめる。

↓

③条件の一つでも足りないと発芽しないことを知る。

指導のポイント
- それぞれの実験のワークシートに結果は記入されていますが3回の実験を通したまとめの時間が必要だと考え,このワークシートを設定しました。テストではこのようなまとめが必ず必要だと思います。
- このように実験の一つを表にしてまとめると,大切なことが見えてきます。当然ですが,それぞれの実験では調べたい項目を除き,その他の条件をそろえているのがよく分かります。
- なるべく時間をかけずに◎○×で記入させると早めに終わることができます。

ワークシート⑤ 5月17日 天気 雨 気温 23℃
植物の発芽・成長・結実 5年 1組 名前 國眠 厚志
めあて 種子が発芽する条件をまとめよう

実験のまとめ

実験1 水は発芽に必要か
	ア	イ
水	◎	×
空気	○	○
適当な温度	○	○
	発芽した	発芽しない

実験2 空気は発芽に必要か
	ウ	エ
水	○	○
空気	◎	×
適当な温度	○	○
	発芽した	発芽しない

実験3 適当な温度は発芽に必要か
	カ	キ
水	○	○
空気	○	○
適当な温度	○	×
	発芽した	発芽しない

わかったこと 水,空気,適当な温度のどれか1つ足りなくてもインゲンマメは発芽できない。種子の発芽にはこの3つが必要である。

第二次 第1時 ワークシート⑥「種子には発芽に必要な養分が含まれているか」

目標 種子には発芽に必要な養分が含まれているか調べよう。

準備物
- 発芽したインゲンマメ
- ヨウ素液
- 発芽していないインゲンマメ
- カッターナイフ
- スポイト
- シャーレ

授業の流れ

①種子の中に発芽に必要な養分があらかじめ入っているか予想する。

↓

②発芽した植物にはその養分はどうなったろうかを考える。

↓

③実験して確かめる。種子に養分が入っているので発芽の条件には養分が要らないことが分かる。

指導のポイント
- ワークシートには簡単にしか触れていませんが,ヨウ素デンプン反応は初めての実験なので,ぜひ,ご飯や小麦粉などを用意して,そこにヨウ素液を落とし,薄い褐色から濃い青紫色に変化するのを見せたいところです。
- この子葉にそのままヨウ素液をかけても変化はありません。「横に切る」のは細胞壁を壊すためです。
- ヨウ素液は薄すぎても反応が無く,濃すぎると発芽後でも反応してしまいます。紅茶かビールの濃さで準備しておきましょう。

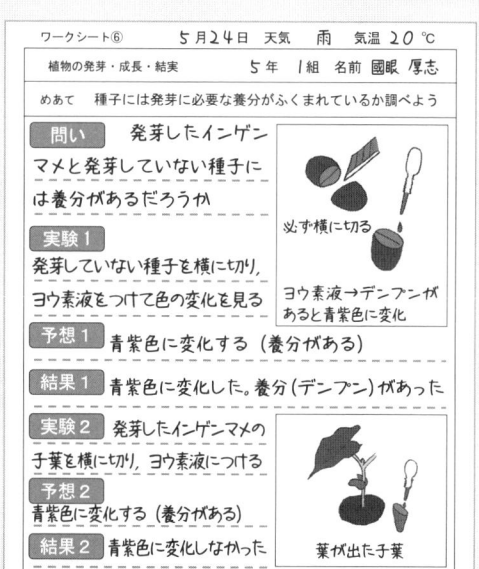

ワークシート⑥ 5月24日 天気 雨 気温 20℃
植物の発芽・成長・結実 5年 1組 名前 國眠 厚志
めあて 種子には発芽に必要な養分がふくまれているか調べよう

問い 発芽したインゲンマメと発芽していない種子には養分があるだろうか

実験1 発芽していない種子を横に切り,ヨウ素液をつけて色の変化を見る

必ず横に切る
ヨウ素液→デンプンがあると青紫色に変化

予想1 青紫色に変化する(養分がある)
結果1 青紫色に変化した。養分(デンプン)があった

実験2 発芽したインゲンマメの子葉を横に切り,ヨウ素液につける
予想2 青紫色に変化する(養分がある)
結果2 青紫色に変化しなかった

葉が出た子葉

わかったこと 発芽する前のインゲンマメの種子はデンプンが多くふくまれている。このデンプンは発芽のために使われるので発芽後はなくなっている。

2 植物の発芽・成長・結実

解説とワークシートの解答

第二次 第2時 ワークシート⑦ 「種子のつくりを調べる」

目標 種子のつくりを調べよう。

準備物
- □1日水に浸した種子　□ヨウ素液
- □スポイト　□シャーレ
- □カッターナイフ

 授業の流れ

① インゲンマメの種子のつくりを観察する。

↓

② トウモロコシの種子のつくりを観察する。

↓

③ 比較して共通事項や違いを見つけ、養分が蓄えられていることを知る。

 指導のポイント

- トウモロコシも発芽のための養分はもっています。教師用実験として、ヨウ素液で先に確認してから観察に入る方がスムーズに進むでしょう。
- インゲンマメのようなマメ科植物やクリの仲間の種子は「無胚乳種子」といって胚乳が無くなり、子葉に養分を蓄えます。従って食べる部分は子葉なのです。それに対してトウモロコシなどの多くの植物の種子には重複受精による胚乳があり、胚乳に養分をためます。こちらの方が一般的です。

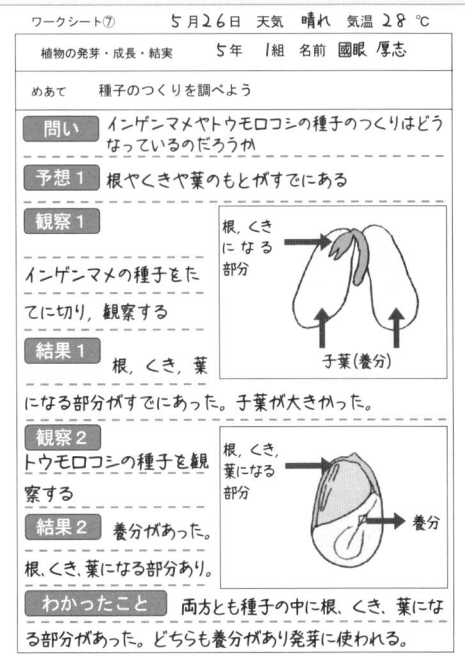

第二次 第3時 ワークシート⑧ 「植物が成長する条件を調べる1」

目標 植物が成長する条件を調べよう。

準備物
- □本葉が2枚ほど出たインゲンマメの苗
- □バーミキュライト　□段ボール箱
- □液体肥料

 授業の流れ

① 発芽と比べ、植物の成長には何が必要かを考える。

↓

② 日光、水、肥料などを挙げどのような実験が必要かを考える。

↓

③ 発芽のときのように条件設定をきちんと行う。

 指導のポイント

- ホワイトボードに班ごとの実験の計画を立て、必要なものを書き出して先生にお願いする形で実験を進めたらアクティブラーニングが確実にできます。
- 子どもが混乱しやすいのは発芽に必要なものと成長に必要なものです。まとめで「発芽→水・空気・適当な温度」「成長→日光・水・肥料」と覚えさせましょう。
- 植木鉢に土を入れるとそこに養分も入っているので肥料の役割をしてしまいます。「バーミキュライトは養分が無い土だよ」と説明して実験しましょう。

解説とワークシートの解答

第二次 第4時 ワークシート⑨ 「植物が成長する条件を調べる2」

目標 植物が成長する条件を調べてまとめよう。

準備物 □前時に用いたインゲンマメの鉢

授業の流れ

植物の成長の実験結果をまとめる。

↓

条件を表に書きながら日光や肥料の有用性を理解する。

↓

③水は当たり前として植物の成長には日光と肥料が必要なことが分かる。

指導のポイント

- 本時は前時のまとめです。前時はア・イ・ウ・エの4鉢を用意して日光と肥料についての実験を行いました。10日以上経たないと結果が出ないのでそれまでは水やりをしっかりとやらせて待ちます。条件を統一する意味でもしっかり当番をさせます。
- 種子の養分が無くなると今度は植物は自分で養分を吸収しないといけません。窒素やリン酸,カリウムは空気中から得られません。液体肥料に頼ることになります。バーミキュライトにはこれらの成分は無いので実験には適しています。

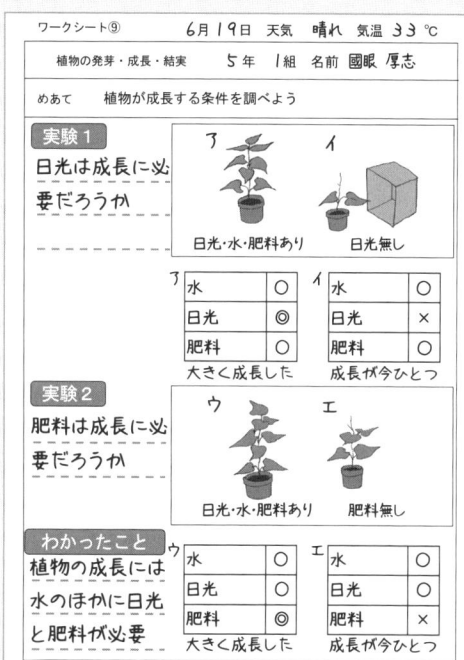

第三次 第1時 ワークシート⑩ 「アブラナの花のつくりを観察する」

目標 アブラナの花のつくりを観察しよう。

準備物 □アブラナの花 □ルーペ □色鉛筆

授業の流れ

アブラナを採取し観察をする。

↓

おしべ,めしべなどを確認しながらスケッチをする。

↓

③茎からとったアブラナも観察し,実がついているところはめしべの下の部分だったことを確認する。

指導のポイント

- 本時は4月上旬にぜひ行いたい授業です。アブラナの最盛期を過ぎてしまうからです。実際に植物の結実を行うのは7月初めになるでしょうから,この観察だけを先に行い,記録を残しておく必要があります。
- タンポポやヒマワリも両生花ですが,舌状花と言って花びらそのものが花になります。ある種特別なので両生花はアブラナで始めるのがいいかと思います。
- 最低アブラナが1株あれば授業ができます。下部の実がめしべの子房が大きくなったものだとわかるとカボチャの学習がしやすくなります。

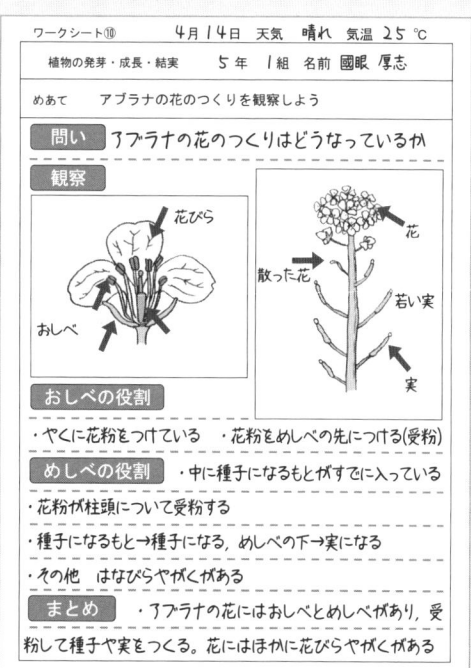

033

2 植物の発芽・成長・結実　解説とワークシートの解答

第三次 第2時 ワークシート⑪「カボチャの花のつくりを調べる」

目標 ▶ カボチャの花はどんなつくりになっているか調べよう。

準備物
- □カボチャのおばな，めばな
- □ルーペ　□色鉛筆

授業の流れ

① カボチャのおばなとめばなを観察する。

② おばなにはおしべ，めばなにはめしべがあることを確認する。

③ アブラナと比べて共通点や相違点を見つける。

指導のポイント

- 前時は4月上旬です。おしべやめしべのつくりを学習し，めしべの下に実ができることを確認します。そのスケッチも本時の参考になるでしょう。カボチャは雌雄異花なのでおばな，めばながあります。ヒョウタンやヘチマも雌雄異花の単性花です。その違いにまず気づかせたいです。
- カボチャも成長が遅く，なかなか大きくなりませんが4月には苗植えをしておくのがいいでしょう。観察したいときに花が無ければどうしようもありません。

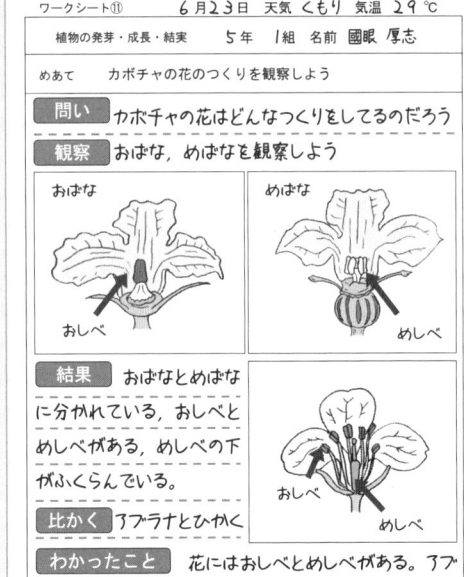

第三次 第3時 ワークシート⑫「カボチャのおしべとめしべを調べる」

目標 ▶ カボチャのおしべとめしべを調べよう。

準備物
- □カボチャのおばな，めばな
- □ルーペ　□色鉛筆

授業の流れ

① カボチャのおしべとめしべの観察をする。

② 花粉や柱頭の特徴を知る。

③ 受粉の目的や方法を知る。

指導のポイント

- 花粉を顕微鏡で観察する際は，できれば班に1台ずつ用意し，自分でピントを合わせられればいいのですが，顕微鏡テレビ装置でも構いません。
- カボチャの雄花は班の数がありますが，雌花は少なく観察用に採ると受粉実験ができなくなります。雌花は学級で一つ投影ができ，代表者がねばねばの観察ができたらいいとしましょう。
- 花粉は全員が観察できるのでノートにセロハンテープで貼らせるといいでしょう。
- カボチャは虫媒花で虫が運びます。

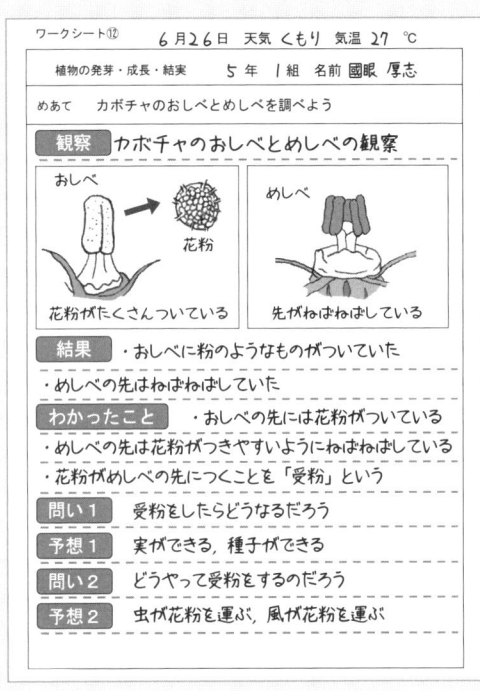

解説とワークシートの解答

第三次 第4時 ワークシート⑬ 「花粉のはたらきを調べる」

目標 ▶ 花粉のはたらきを調べよう。

準備物
- □カボチャのおばな，めばな
- □ビニール袋 □クリップ

授業の流れ

① カボチャは受粉せずに実ができるかどうか考える。

↓

② 強制受粉する花とさせない花を分け，実験する。

↓

③ 実ができるかどうか予想する。

指導のポイント

- 本時は花粉がめしべの柱頭につくと実ができ，種子ができることを実験的に確かめます。前時までの授業で予想はつき，結果はもうほとんどわかっています。しかし，本当に花粉がつくとめしべの子房が膨らみ，実や種子ができることを子どもたちは時系列的には体験していません。それを確実にすることがねらいです。
- 本時は受粉実験のみを行います。最初の袋かけは教師のみで行います。
- 次の日に強制受粉をさせ，次時は3〜5日ごとなります。雌花ができていなければ2学期でもできます。

第三次 第5時 ワークシート⑭ 「カボチャの受粉と実や種子のでき方についてまとめる」

目標 ▶ カボチャの受粉と実や種子のできかたについてまとめよう。

準備物
- □カボチャのおばな，めばな（実験済み）
- □色鉛筆

授業の流れ

① 受粉後5日経った雌花を観察する。

↓

② 受粉していないカボチャは実ができていないことを知る。

↓

③ 受粉したらめしべの下に実ができ，種子ができることをまとめる。

指導のポイント

- 本時は花粉のはたらきのまとめです。前時の袋がけと受粉実験の5日後くらいに行うと子房が膨らみかけ，ちょうどいいでしょう。
- ここでは生命の連続性について学習します。「花」「おしべ・めしべ」「受粉」「子房の膨らみ」「実・種子」の一連の流れがきちんと押さえられたら大丈夫です。
- カボチャは雌雄異花です。多くの花は両性花で一つの花におしべとめしべが存在します。カボチャを被子植物の普遍的な花だと捉えられないような説明も必要です。

2 植物の発芽・成長・結実

ポイント解説

わざとに条件設定をさせない？

　5年生の理科のもっとも大切な学習内容は，単元の知識や技能の習得よりも，実験の組み方を学ぶことだと考えます。特にこの単元から「条件設定」が必要となってきます。水，空気，温度のどれかを調べたいのなら，調べたい項目以外は両者の条件をそろえることです。水が必要かどうかを調べたいのに，空気や温度の条件をそろえておかなければ，発芽しなかったのは水を与えなかったのが原因かどうかが分からず，実験そのものが意味をなさなくなってしまうからです。ところがこれを逆手にとって，条件設定の有用性を教えるという方法もあります。特に条件設定を指示せずに各班で実験の仕方を考えるのです。何を用いてどのように実験するかをホワイトボードに書き，「水をやらなかったら発芽しない説」などと自分たちの班の考えを「○○説」として発表します。そして，実験に向かう，もしくは，実験を組んでその説を各班で発表し合います。条件設定についてあまり触れていないと，温度や他の条件がばらばらになってしまうことは織り込み済みなのです。このまま実験が始まるとリスクが高い…と踏んだ場合は教師や他の班からの指摘で変更も可能にします。すると子どもたちの間から「これじゃあ水が必要かどうかがわからない」「実験としてはだめだ」などと辛辣な指摘が寄せられます。そこで「条件設定が必要なんだ」と体験的に分かるわけです。こうやって5年生のはじめにこのような設定を経験しておくと，振り子や電磁石などの実験の組み方が容易になります。まずは失敗から学べというのが意外と近道かも知れません。

発表ボードで実験を組む

　上でも少し述べましたが，理科における協同学習ツールとして発表ボードは威力を発揮します。筆者（國眼）はIZUMI社の「まなボード」を活用しています。大きめ（B3サイズ）の発表ボードは薄いフィルムが上に貼られていて，そこに印刷した紙を挟み込むことができます。実験の組み方やまとめ方の基本はある程度書いておき，枠組みを作っておくとリーダーの指示で素早く仕上げられます。ケースバイケースで一から組ませたいとき，時間がなくて早めにさせたいときなどどちらにも対応できておすすめです。

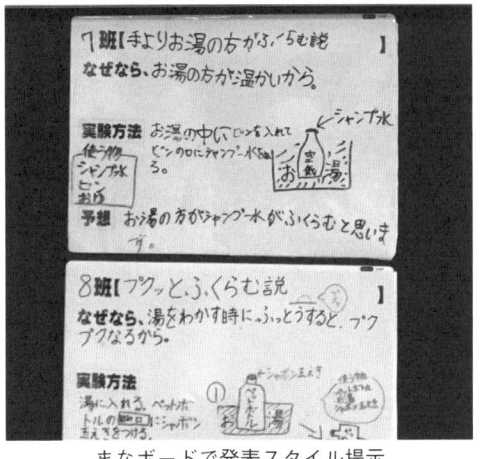

まなボードで発表スタイル提示

授業支援システムで班別討論

現在ではかなりの学校でタブレットパソコンが導入され，授業で活用されています。ホワイトボードは簡単で使いやすく，協働学習に向いていますが，どうしても文字が小さくなり，全体で発表するにはやはりスクリーンで大きく投影したところです。タブレットパソコンを導入している学校には「授業支援システム」を入れているところが多くあります。これを使うと自分の班の考えや実験の組み立てがスクリーンや大型テレビに投影されるので見やすく，すぐに説明ができるのでプレゼンテーション能力がつきます。理科の実験・観察の組み立ては他教科に比べ，自分たちの意見が入れやすく，発表しやすい教科でもあります。ぜひ，たくさん経験させてやりたいところです。

タブレットパソコンをグループの中心に置きます。リーダーが進行し，どんな実験にしたいかを皆に聞きます。タブレットにペンがついていれば容易に画面に書き込むことができます。そこにすでに書き込むフォーマットが授業支援システムから「配布」されていれば，書き込み

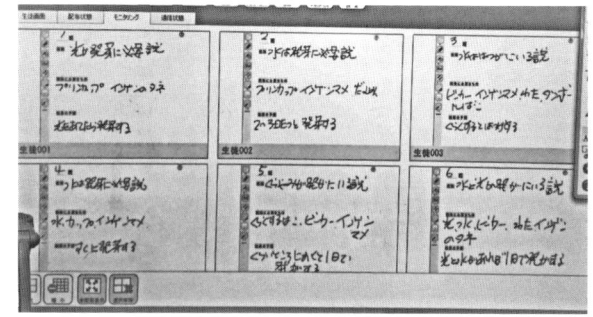

6つの班の実験情報が先生機に提出されます

はさらに簡単になるでしょう。実験したい内容や，準備物，そして予想される結果を書くことができれば，今度は先生機に「提出」します。各班から「提出」された実験計画書がスクリーンに一覧になります。先生機の操作で，1班から順に拡大されます。その拡大された画面に対し，各班のタブレットパソコンで「発表」ができます。つまり，机に居ながらにして（黒板のところに行かずに），自分の班の実験の手順を説明します。その際，ペンで書き加えることも，色を変え，丸や蛍光ペンで囲むなど強調することもできます。そうしてその場で発表を終え，次の班に代わります。2班，3班と机にいながらスクリーンの発表を操作できるので，確実に時間短縮ができ，他の班の児童らは大きい画面で見るので分かりやすい状態で確認できます。

ホワイトボードだとその時間の授業を終えると消さなければ次の学級が使うので困りますが，授業支援システムのデータは簡単に保存ができるので，もし途中で終わっても次の時間，続きから始められますし，実験の際に再確認してさらに書き込みを続け，実験結果や考察まで入れることができます。スペースが足らなかったら次のページに進みます。これらもすべてデジタルで保存されます。

このような「配布」「提出」「発表」ができるシステムを使わない手はありません。実験そのものは超アナログですが，それを発表するのにデジタルの力を借りて，時間を有効に使い，しっかりと話し合って学びに向かう姿勢を作り上げていく，そんな時代がもうすでに始まっているのです。

| ワークシート① | 月　　日　天気　　　　気温　　　℃ |

| 植物の発芽・成長・結実 | 年　　組　名前 |

めあて　　種子が発芽するにはどんな条件が必要か考えよう

問い

- - - - - - - - - - - - - - - -

- - - - - - - - - - - - - - - -

- - - - - - - - - - - - - - - -

予想

- -

- -

- -

- -

これからの実験を組み立てる

- -

- -

- -

- -

- -

ワークシート②	月　　日　天気　　　　気温　　　℃
植物の発芽・成長・結実	年　　組　名前

めあて　　水は発芽するのに必要な条件か調べよう

問い

予想

理由

どんな条件で実験すればよいか

実験1

予想1

結果1

わかったこと

ワークシート③	月　　日　天気　　　　気温　　　℃

植物の発芽・成長・結実	年　　組　名前

めあて　　空気は発芽するのに必要な条件か調べよう

問い

予想

理由

どんな条件で実験すればよいか

実験2

予想2

結果2

わかったこと

ワークシート④	月　　日　天気　　　　気温　　　℃
植物の発芽・成長・結実　　　年　　組　名前	

めあて　　温度は発芽するのに必要な条件か調べよう

問い

予想

理由

どんな条件で実験すればよいか

実験3

予想3

結果3

わかったこと

ワークシート⑤	月　　日　天気　　　　気温　　　℃

植物の発芽・成長・結実　　　年　　組　名前

めあて　　種子が発芽する条件をまとめよう

実験のまとめ

実験1

- - - - - - - - - -

- - - - - - - - - -

実験2

- - - - - - - - - -

- - - - - - - - - -

実験3

- - - - - - - - - -

- - - - - - - - - -

わかったこと

- - - - - - - - - -

- - - - - - - - - -

ワークシート⑥   月   日 天気   気温   ℃

植物の発芽・成長・結実   年   組 名前

めあて　種子には発芽に必要な養分がふくまれているか調べよう

問い

実験1

予想1

結果1

実験2

予想2

結果2

わかったこと

ワークシート⑦	月　日　天気　　　気温　　℃
植物の発芽・成長・結実	年　　組　名前

めあて　種子のつくりを調べよう

問い

予想1

観察1

結果1

観察2

結果2

わかったこと

ワークシート⑧   月 日 天気   気温   ℃

植物の発芽・成長・結実   年 組 名前

めあて 植物が成長する条件を調べよう

問い1

予想

問い2

注意

実験1

予想1

実験2

予想2

ワークシート⑨   月   日 天気   気温   ℃

植物の発芽・成長・結実   年   組 名前

めあて　植物が成長する条件を調べよう

実験1

実験2

わかったこと

| ワークシート⑩ | 月　日　天気　　　気温　　℃ |

| 植物の発芽・成長・結実　　年　組　名前 |

めあて　　アブラナの花のつくりを観察しよう

問い

観察

おしべの役割

めしべの役割

まとめ

ワークシート⑪	月　　日　天気　　　　気温　　　℃
植物の発芽・成長・結実	年　　組　名前

めあて　　カボチャの花のつくりを観察しよう

問い

観察

結果

比かく

わかったこと

ワークシート⑫　　　月　　日　天気　　　　気温　　　℃

植物の発芽・成長・結実　　　年　　組　名前

めあて　　カボチャのおしべとめしべを調べよう

観察

結果

わかったこと

問い1

予想1

問い2

予想2

ワークシート⑬	月　　日　天気　　　気温　　　℃

植物の発芽・成長・結実	年　　組　名前

めあて　花粉のはたらきを調べよう

問い

予想1

実験

明日咲きそうなめばなのつぼみに袋をかぶせる

ア　そのままにして受粉させない

イ　花粉をおしつけ受粉させ，袋をかぶせる

予想2

理由

ワークシート⑭	月　　日　天気　　　　気温　　　℃

植物の発芽・成長・結実　　　年　　組　名前

めあて　　カボチャの受粉と実や種子のできかたについてまとめよう

観察

受粉後5日たった
めばなを観察する

結果

ア　受粉しなかっためばな　　　　イ　受粉しためばな

ア_____　　イ_____

結果からわかること

まとめ

3 動物の誕生

この単元ではまずもってメダカを確保しなければなりません。メダカがすぐに採集できる地域ならいいのですが，多くの場合は購入して飼育することになるでしょう。野生のクロメダカは生命力が強く繁殖もどんどん行ってくれますが，購入したものはなかなか思うように育ちません。できるだけ早めに準備し，授業が始まる頃にはすでに産卵が始まっているくらいがいいでしょう。

また，ヒトの誕生では実験も観察もできないことが前提です。ビデオ教材や胎児模型で授業を進めます。さらに家庭からの協力でへその緒や写真などを持って来てもらうことで臨場感あふれる授業が組み立てられます。ただ，学級にはいろいろな事情のある子がいるので，単に授業に使うからと，全員に写真を持参させたりへその緒を持って来させたり，母親への取材を宿題にするなどはしないようにします。

育成する資質・能力

【知識及び技能】

動物の発生や成長について，魚を育てたり人の発生についての資料を活用したりする中で，卵や胎児の様子に着目して，時間の経過と関連付けて調べる活動を通して，次の事項を身に付けることができるよう指導する。

ア 次のことを理解するとともに，観察，実験などに関する技能を身に付けること。

(ア)魚には雌雄があり，生まれた卵は日がたつにつれて中の様子が変化してかえること。

(イ)人は，母体内で成長して生まれること。

【思考力，判断力，表現力等】

イ 動物の発生や成長について追究する中で，動物の発生や成長の様子と経過についての予想や仮説を基に，解決の方法を発想し，表現すること。

【学びに向かう力，人間性等】

主に予想や仮説を基に，解決の方法を発想する力や生命を尊重する態度，主体的に問題解決しようとする態度を育成する。

単元の構成　※丸付数字はワークシートの番号

第一次　メダカの観察
第1時　メダカのオス，メスはどのような違いがあるだろうか…①

第二次　メダカの卵
第1時〜2時　メダカの卵はどのように育っていくのだろうか…②〜③

第三次　魚が食べるもの
第1時　池や水中には魚が食べるものがあるだろうか…④

第四次　顕微鏡の使い方
第1時　顕微鏡を正しく使う…⑤

第五次　ヒトの誕生
第1時〜2時　ヒトは母親の体内でどのように育って誕生するのか…⑥〜⑦

第六次　ヒトの受精卵
第1時　ヒトの受精卵はどのように育っていくのだろうか…⑧
第2時　ヒトの成長に必要な養分はどこから得ているか，メダカの誕生と比べる…⑨
第3時　ヒトがどのように育ってきたかをまとめ，他の動物や植物と比べる…⑩

解説とワークシートの解答

第一次 第1時 ワークシート① 「メダカのオス,メスはどのような違いがあるだろうか」

目標 メダカのオス・メスはどのような違いがあるだろうか調べよう。

準備物
- □メダカ
- □ビーカー

授業の流れ

① メダカを1匹ずつビーカーに取り,オスメスの判定をする。

② オスの特徴,メスの特徴をそれぞれ図にまとめる。

③ 受精卵がメスに付いている様子やその外し方を学び,自分たちで飼育し観察する意気込みをもつ。

指導のポイント

● 本時の授業を行うまでに当然メダカの入手が必要になります。できれば1ヶ月くらい前には水槽に入れるようにしましょう。そうなると新学期が始まってすぐにメダカの準備とカボチャの種植え,そしてインゲンマメの準備(保険のためにいくつか植えておく方がいいでしょう)と新学期の5年生のスタートは生き物の準備で慌ただしいのです。遅れたら授業にならないので必ずやっておきましょう。

● メダカの雌雄判別は教科書の写真で十分分かりますが,実際のメダカを見るとなかなか難しいのです。できればみんなで判別したいですね。

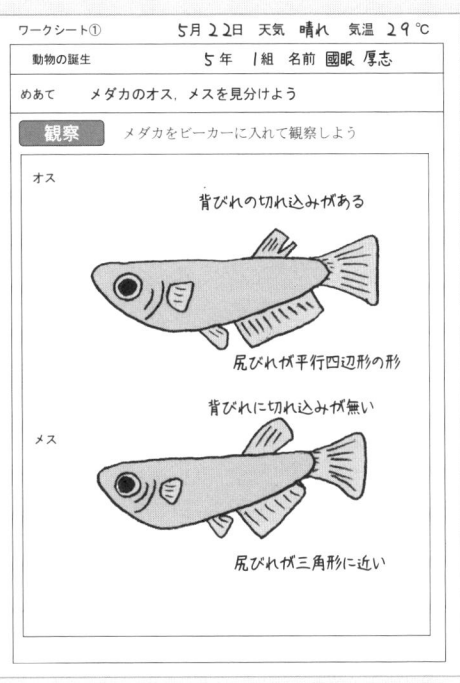

第二次 第1時 ワークシート② 「メダカの卵はどのように育っていくのだろうか1」

目標 メダカの卵の成長を調べよう。

準備物
- □メダカの受精卵(発生順)
- □色鉛筆 □顕微鏡テレビ装置

授業の流れ

① メダカの受精卵を順番に観察する。

② 成長の順にスケッチを行い,特徴的なところは言葉で記入する。

③ 受精と受精卵の意味を知る。

指導のポイント

● 本時の学習を行うためにはこのときまでに発生の段階の違うメダカの卵を順に用意しておかなければなりません。もし用意できない段階のものがあればデジタルカメラで撮影しても大丈夫です。ネットの資料写真でもOKでしょう。しかし,全然無いのにすべてそれらでまかなおうとするのはいかがなものでしょう。

● 授業時間としてはだいたい2時間分くらいで分けて産卵から孵化までができたらと思います。メダカは産卵するとすぐに雄がやってきて精子を放出しますので卵をつけて泳いでいる雌はほぼすでに受精が済んでいます。

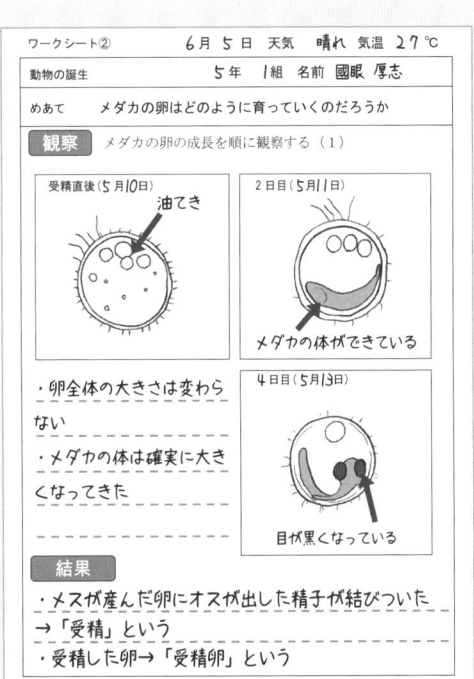

3 動物の誕生

第二次 第2時 ワークシート③ 「メダカの卵はどのように育っていくのだろうか2」

目標 ▶ 天気が変化するのは，偏西風に流されて雲が動くからであることを理解できる。

準備物
- □メダカの受精卵（発生順）
- □色鉛筆
- □顕微鏡テレビ装置

授業の流れ

① 空気に触れないインゲンマメが発芽するかを考える。

② どんな条件で実験したらよいかを話し合う。

③ 空気以外の条件を同じにして実験を組む。

指導のポイント

- メダカは授業の時間に合わせて産卵したり発生の段階を踏んでくれるとは限りません。1時間の尺の中で無くても構いませんし，学級活動や総合を使ってでも最も観察しやすい時に行いましょう。
- 1時間ですべての発生の様子を観察するのは大変です。10分や20分の細切れの時間，学級担任なら学活や総合の時間を用いてでもその瞬間を逃さず見せてやることが大切だと思います。
- 私は今にも孵化しそうな受精卵を顕微鏡テレビ装置で投影し，みんなで孵化の瞬間を見守りました。授業中に孵化できると教室に一体感が出ます。

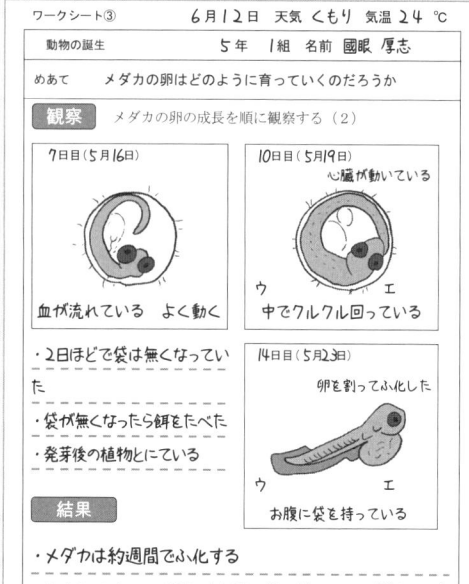

第三次 第1時 ワークシート④ 「池や水中には魚が食べるものがあるだろうか」

目標 ▶ 池や川の水中には魚が食べるものがあるか調べよう。

準備物
- □池や川の水　□シャーレ
- □顕微鏡　□色鉛筆

授業の流れ

① メダカの住むような池や川に採集に行く。

② 顕微鏡や双眼実体顕微鏡の使い方を知る。

③ 採集したプランクトンなどを観察スケッチする。

指導のポイント

- 理想は学校に池があり，そこに水生生物を採集に行き，その中から時間内に観察する…，なのですが，そうどこにも池はないし，時間も足りないでしょう。
- あらかじめ教師が池や川で水を採取し，適度に水生生物が存在するのを確認してから子どもたちに顕微鏡見せる，と言うことでいいでしょう。
- 顕微鏡の操作だけでも1時間で足りません。レンズの名称や各パーツの名称，さらにスライドグラスを割らないための操作や直射日光下で観察しないことなど教えることは山ほどあります。

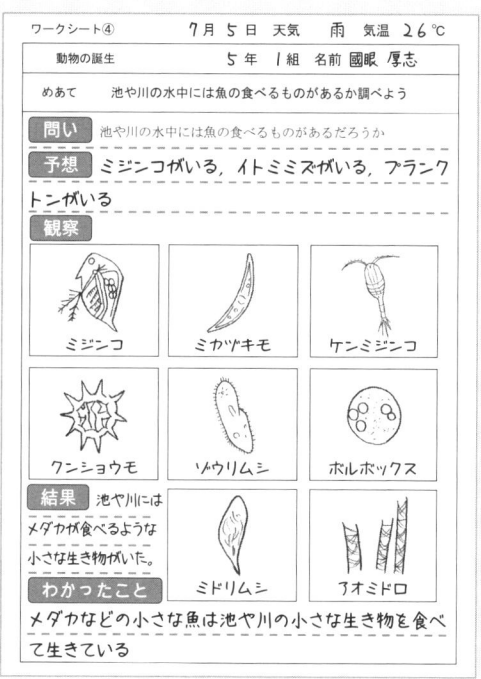

第四次 第1時 ワークシート⑤ 「顕微鏡を正しく使う」

目標 顕微鏡を正しく使おう。

準備物
- □顕微鏡　□カラーの広告
- □観察する生物　□スライドグラス
- □カバーグラス

授業の流れ

① メダカの住むような池や川に採集に行く。

② 顕微鏡や双眼実体顕微鏡の使い方を知る。

③ 採集したプランクトンなどを観察スケッチする。

指導のポイント

- まずは顕微鏡の各パーツの名称確認です。テストにも出るので接眼レンズ、対物レンズ、ステージ、しぼり、反射鏡、調節ねじくらいは覚えさせましょう。
- 次に対象をスライドグラスに載せ、水を一滴落とし、カバーグラスで覆い、濾紙で拭き取る作業をします。
- 接眼レンズは10倍で固定。対物レンズは4倍くらいの低倍率から合わせます。ここでステージを調節ねじで動かし、できるだけ近づけておいてからゆっくりと接眼レンズをのぞきながら遠ざけます。

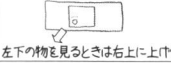

第五次 第1時 ワークシート⑥ 「ヒトは母親の体内でどのように育って誕生するのか1」

目標 ヒトは母親の体内でどのように誕生するのか調べよう。

準備物
- □色鉛筆　□赤ちゃんの絵
- □ビデオ教材　□胎児の模型

授業の流れ

① 精子と卵子の形を想像し、絵に描く。

② 受精卵から10ヶ月くらいかかって赤ちゃんになることを知る。

③ ヒトの赤ちゃんは母親とへその緒でつながっていることを知る。

指導のポイント

- 精子や卵子については子どもたちは性教育で学習しているので言葉は聞いたことがあるでしょう。17世紀、レーウェンフックにより精子が発見された後、さらに詳しく研究しようとハルセッカーという学者が当時の解像度も倍率も低い顕微鏡で観察していたとき、絶対に精子の中にミニチュアのヒトがいる…そう思ったんでしょうね。彼は見えないものまで見えてしまったようです。
- 当時は精子にヒトのミニチュアがいて、卵子を養分として吸収しながら大きくなっていくと考える人も多かったようです。

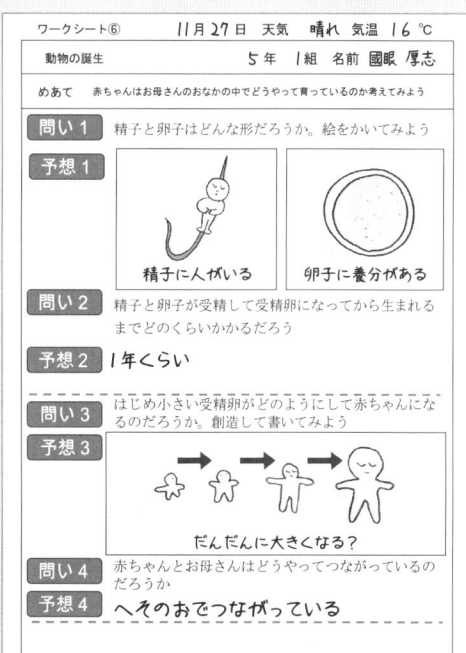

3 動物の誕生

解説とワークシートの解答

第五次 第2時 ワークシート⑦ 「ヒトは母親の体内でどのように育って誕生するのか2」

目標 ヒトは母親の体内でどのように誕生するのか調べよう。

準備物
- □色鉛筆　□赤ちゃんの絵
- □ビデオ教材　□胎児の模型

授業の流れ

①お母さんのお腹の中で子どもはどう過ごしているか考える。

②お腹の中で息や食事はどうやってするのか考える。

③ほ乳類は基本的に同じように育っていることを知る。

指導のポイント

- 「人」でなく「ヒト」と表記する限りは動物の学習です。哺乳類の中の「ヒト」がどのように生まれてくるかを比較しながら学習していきましょう。
- 子どもは、おへそでお母さんとつながっていて、空気も食べ物もへそからもらえると思っているでしょう。血も混じっていると考える子もいます。でもお母さんと子どもで血液型が違う子がいるのでそんなはずはありません。胎盤を介してつながっていることを押さえましょう。
- 羊水に満たされた子宮に10ヶ月もいたのですね。「おぼれないのかな」と本気で心配する子もいることでしょう。

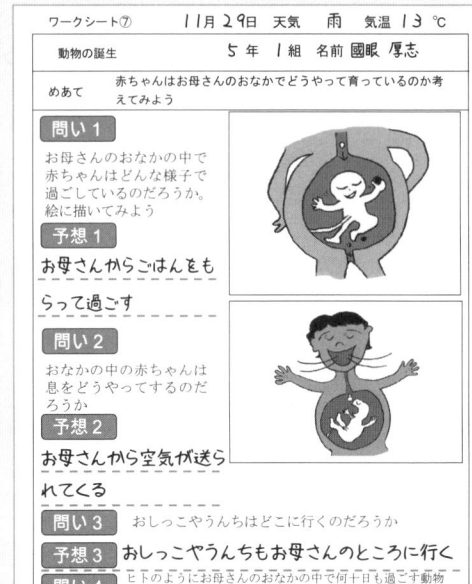

第六次 第1時 ワークシート⑧ 「ヒトの受精卵はどのように育っていくのだろうか」

目標 ヒトの受精卵は体内でどのように育っていくのだろうか調べよう。

準備物
- □色鉛筆　□砂を2kg入れたビニール袋
- □ビデオ教材　□胎児の模型

授業の流れ

①受精と受精卵の意味を確認する。

②受精後、母親の体内でどのように成長するかを知る。

③生まれる直前の子宮の様子を知る。

指導のポイント

- 本時は受精から出産直前までの胎児の様子を図や写真で説明します。すでにいろいろな疑問は解決したので特に問答は準備しません。
- わずか0.14mmだった小さな卵子が受精卵となり、母親の子宮内に着床し、だんだんと体の形ができてきます。子宮もどんどん大きくなり、30週をこえると2000g以上にもなります。
- 自分の生まれたときの体重を知っている子もあるでしょう。約3kgの砂をビニール袋に入れその重さを体感させましょう。

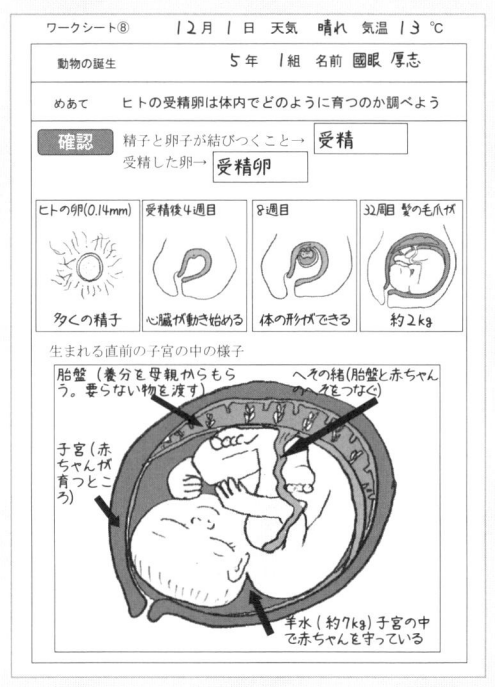

解説とワークシートの解答

第六次 第2時 ワークシート⑨ 「ヒトの成長に必要な養分はどこから得ているか，メダカの誕生と比べる」

目標 ▶ ヒトの胎児や赤ちゃんはどのように養分を取り入れているのか調べよう。

準備物 □メダカとヒトの誕生の写真

授業の流れ

ヒトの胎児や赤ちゃんの栄養の摂り方，育てられ方を考える。

↓

②メダカの栄養の摂り方，育てられ方を考える。

↓

③ヒトとメダカの似ているところ，違っているところを比較する。

指導のポイント

● ヒトの発生（誕生）とメダカの発生を比較するのは大きな意味があります。一つはあんな小さなメダカも自分たちと同じように精子と卵（卵子）が受精して始まるんだと言う概念が育ちます。ヒトは特別な生き物ではなく，高度に発達したとは言え，周りにいる多くの生き物（動物）と同じように生命がスタートしていくことを印象づけられると思います。

● そうすればチョウは，カブトムシは，カエルは…と今まで学習した多くの動物でも同様にその発生の秘密をさぐる気持ちが芽生え，生命の神秘に興味を持ってくれると嬉しく思います。

ワークシート⑨ 12月4日 天気 雨 気温 9℃

動物の誕生　5年 1組 名前 國眼 厚志

めあて ヒトは胎児や赤ちゃんのとき，どのように養分を取り入れていたのか調べよう

問い1 ヒトはメダカと比べ，どのように育ってきたのかまとめよう

	ヒト	メダカ
受精卵の大きさ	約0.14mm	約1mm
育つ場所	お母さんの体内	水中
受精卵の大きさの変化	大きくなる	変わらない
生まれる前に育つ養分	お母さんからへそのおで受け取る	卵の中に入っている
生まれてからの養分	乳を飲んで育つ	腹の下の袋に入っている
育てられ方	親が食べ物を運んでくれる	自力でえさをさがす

問い2 ヒトとメダカで似ているところをさがそう
①精子と卵(卵子)で受精を行う ②受精卵が少しずつ育つ ③水の中で育っている ④初めは養分を親が準備してくれる ⑤親から子に命が受け継がれている

問い3 ヒトとメダカで違っているところをさがそう
①メダカの受精卵は大きい ②ヒトは卵(卵子)の中に栄養が入っていない ③メダカは2週間でふ化するがヒトは38週かかって体外に出る ④ヒトは生まれてからも親が世話するがメダカはふ化したら自分の力で生きていく

第六次 第3時 ワークシート⑩ 「ヒトがどのように育ってきたかをまとめ，他の動物や植物と比べる」

目標 ▶ ヒトと他の動物の誕生を比べてみよう。

準備物 □動物の絵，写真など □植物の種子

授業の流れ

人の誕生と他の動物の誕生を比べる。

↓

②比べた項目を表にまとめる。

↓

③哺乳類の育ち方の違いを知る。命の連続性は同じであることを知る。

指導のポイント

● 本時はまとめの時間です。この「ヒトの誕生」だけでなく，「メダカの誕生」も含め，「植物の発芽・成長」「植物の結実」の大きなくくりとしての「受けつがれる命」を全体としてまとめられたらと思います。

● 動物の分類を主とするのではなく，動物の誕生から成長にかけて，動物の多様性をこのまとめで少しでも理解でき，興味関心がもてたら，結果的に分類についての知識につながると思います。

ワークシート⑩ 12月6日 天気 晴れ 気温 10℃

動物の誕生　5年 1組 名前 國眼 厚志

めあて 他の動物のたんじょうと比べてみよう

問い 他の動物のたんじょうの仕方を比べてみよう

	ヒト	ニワトリ	カメ	カエル	モンシロチョウ
卵で生まれる	×	○	○	○	○
生まれてから世話をする	○	○	×	×	×
幼虫のときがある	×	×	×	○	○
体が毛でおおわれている	○	○	×	×	×
結婚(交尾)をする	○	○	○	×	○

まとめ
・ヒトの仲間は「ほ乳類」といって，長い期間体内で子どもを育て，生まれてからもお乳を与える。
・他の動物も精子と卵(卵子)で受精卵ができ，育っていく。
・動物のたんじょうの仕方は様々だが，きちんと命を受けついで次に伝えている。
・植物も花粉がめしべの柱頭につき，実や種子ができて命が次に受けつがれている。

3 動物の誕生

ポイント解説

メダカの観察は全校児童を巻き込んで

5年生の理科の授業と言うとメダカの観察が定番です。ところがメダカをなかなかそろえられなかったり，年度初めの忙しさにまかせてつい，板書だけで終わってしまったりという先生もおられました。学校の池に継続的にメダカを飼育してればいいのですが，担当がマメでなければそんなことも難しいようです。

職員室前にメダカの水槽。ビーカーにメダカを入れます

私はこのメダカの観察はできるだけ廊下に展示し，誰でも見ることができるようにしています。残念ながら昨年観察できなかった6年生や来年は自分たちもしっかり育てるぞ…と意気込む4年生もじっくり見てくれるからです。もちろん生き物大好きな低学年もいつも見に来て質問攻めにしてくれます。それを答える5年生はなかなかたくましく映ります。

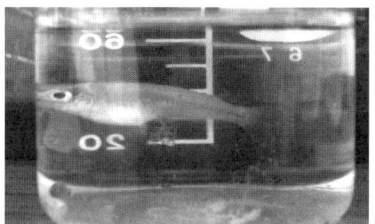
産卵しているメスを発見

まずはメダカの雌雄を区別する観察です。本文にも書きましたができるだけ多くのメダカを1匹ずつビーカーに入れ，どれがオスでどれがメスかを見分けさせます。クイズのようにカードに書き込ませたこともあります。あまり長くすると酸素の心配もあるので全校朝会で告知し，その日の放課後までをチャレンジタイムにしたこともありました。もちろん5年生はすでにオスメスを見分けられるようになっています。

余裕のあるときは動画に撮って一時停止をし，その場で背びれや尻びれを解説することもで

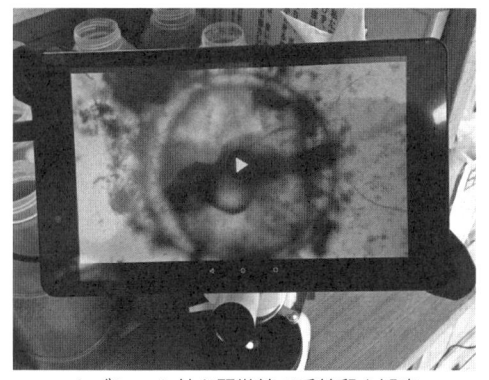
タブレット付き顕微鏡で受精卵を観察

きます。メスが卵を持つと，その状態でまたビーカーに入れて観察します。もちろん他学年の児童にも見せます。上手に採卵すればメスを傷つけること無くうまく卵だけ取り除くことができます。シャーレに採卵の月日を書いておいて「〇日目」として置いておきます。こうすると特に授業時間に観察しなくてもほとんど全員が観察することができます。

メダカは飼育よりも購入が便利

　筆者は毎年どの学年になってもメダカを準備します。5年生の担任はとてもありがたがってくれます。地域にボランティアでクロメダカの保存をしている方がおられ，その方から天然のクロメダカを何十匹もいただきます。さらに，メダカ鑑賞を趣味にしている方をよく知っているので天然物のメダカを入手できます。それを職員室前と理科室で飼育しているので，発眼したり孵化近くなった卵を先生より先に子どもたちが見つけてくれます。でもこんな環境はどちらかというと少ないでしょう。ホームセンターで購入される先生も多いのではと思います。それで実は十分です。温度の管理さえできれば確実に購入したメダカでも産卵します。要はどこに置くかです。教室でもいいので，先生でなくても誰かが卵をもった雌メダカや水草についた受精卵を発見し，きちんとシャーレに入れてくれれば観察は可能です。シーズンが過ぎたら理科室に運び，たとえ1匹も残っていなくても仕方がありません。また次年度購入し，しっかりと抱卵，産卵，発眼を観察できればいいと思います。飼育しないといけない，死なせたらいけない…そんな呪縛を他の仕事も多い先生方がもつ必要はないと思います。気楽に購入し，観察させましょう。

赤ちゃん先生の素晴らしさ

　理科の授業の一環でなくても，近年は「赤ちゃん先生」が各学校の「教壇」に立っています（もちろん立ちませんが）。命の教育や性教育，家族の役割などの学習で首が据わった頃の赤ちゃんがお母さんや保健師さんと一緒に訪問される事例があります。私の勤務校では2年生と5年生で授業がありました。実際に赤ちゃんを抱かせてもらい，自分

5年生の「赤ちゃん先生」授業

は昔こうだったんだ，赤ちゃんは周りの人が助けてやらないと生きていけないんだ，そんな感覚を養い，改めて命の大切さを学ぶことと思います。可能ならぜひ5年生で手を挙げましょう。産まれるまでのことは教科書やプリントで学習しますが，その結果産まれてからどうなるんだろう，手や足はどのくらいの大きさだろう，重さは…いろいろな疑問が出てくるはずです。お母さんがおられたら質問もできます（もちろん失礼な質問は×ですが）。理科としてぜひ5年生で受けましょう。

2年生の「赤ちゃん先生」授業

ワークシート①	月　　日　天気　　　　気温　　　℃
動物の誕生	年　　組　名前

めあて　　メダカのオス，メスを見分けよう

観察　　メダカをビーカーに入れて観察しよう

オス

メス

ワークシート②	月　日　天気　　　気温　　　℃
動物の誕生	年　組　名前

めあて　　メダカの卵はどのように育っていくのだろうか

観察　メダカの卵の成長を順に観察する（１）

受精直後（　月　日）

２日目（　月　日）

　　日目（　月　日）

結果

ワークシート③　　　　　　月　　日　天気　　　　気温　　　℃

| 動物の誕生 | 年　　組　名前 |

めあて　　メダカの卵はどのように育っていくのだろうか

観察　　メダカの卵の成長を順に観察する（2）

日目（　月　日）

日目（　月　日）

日目（　月　日）

結果

ワークシート④	月　日　天気　　　　気温　　　℃

動物の誕生	年　組　名前

めあて　池や川の水中には魚の食べるものがあるか調べよう

問い　池や川の水中には魚の食べるものがあるだろうか

予想

観察

結果

わかったこと

ワークシート⑤   月   日 天気   気温   ℃

動物の誕生   年   組 名前

めあて　　顕微鏡を正しく使おう

顕微鏡のパーツを覚えよう

操作の基本を身に付けよう

- - - - - - - - - - - - - - - - -
- - - - - - - - - - - - - - - - -
- - - - - - - - - - - - - - - - -
- - - - - - - - - - - - - - - - -
- - - - - - - - - - - - - - - - -

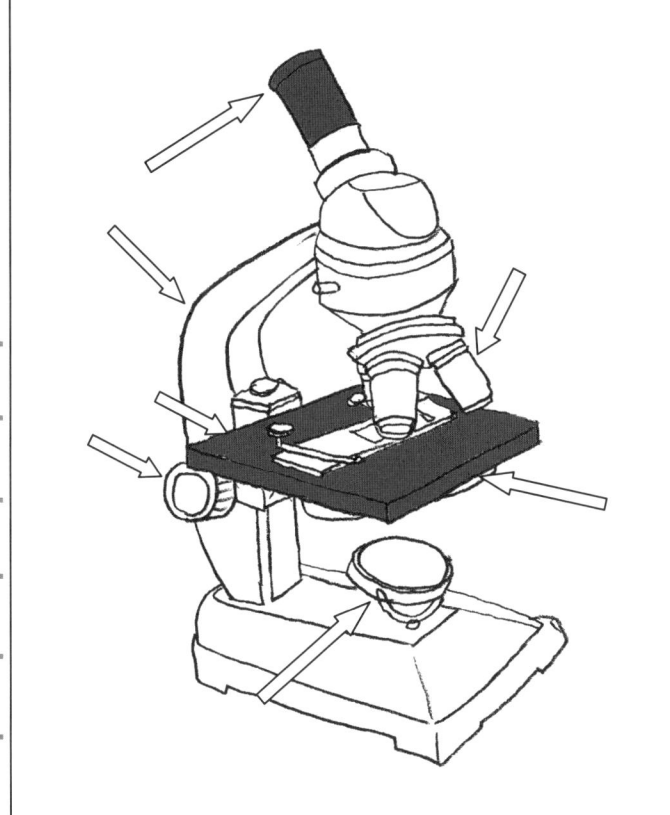

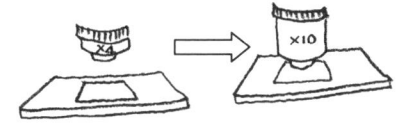

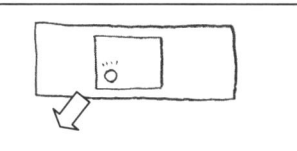

まとめ

- -
- -
- -

ワークシート⑥	月　日　天気　　　気温　　　℃
動物の誕生	年　　組　名前

めあて　　赤ちゃんはお母さんのおなかの中でどうやって育っているのか考えてみよう

問い1　精子と卵子はどんな形だろうか。絵をかいてみよう

予想1

問い2　精子と卵子が受精して受精卵になってから生まれるまでどのくらいかかるだろう

予想2

問い3　はじめ小さい受精卵がどのようにして赤ちゃんになるのだろうか。創造して書いてみよう

予想3

問い4　赤ちゃんとお母さんはどうやってつながっているのだろうか

予想4

ワークシート⑦	月　日　天気　　　気温　　　℃
動物の誕生	年　　組　名前

めあて	赤ちゃんはお母さんのおなかでどうやって育っているのか考えてみよう

問い1

お母さんのおなかの中で赤ちゃんはどんな様子で過ごしているのだろうか。絵に描いてみよう

予想1

問い2

おなかの中の赤ちゃんは息をどうやってするのだろうか

予想2

問い3　おしっこやうんちはどこに行くのだろうか

予想3

問い4　ヒトのようにお母さんのおなかの中で何十日も過ごす動物はほかに何がいるのだろうか

ワークシート⑧　　　　月　日　天気　　　　気温　　　℃

動物の誕生　　　　　　　年　組　名前

めあて　　ヒトの受精卵は体内でどのように育つのか調べよう

確認　精子と卵子が結びつくこと→　　　　　
　　　　受精した卵→　　　　　

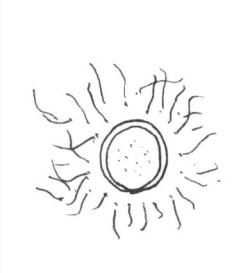
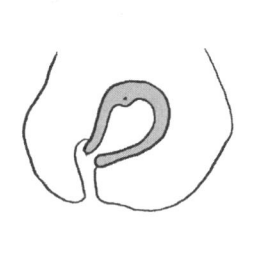
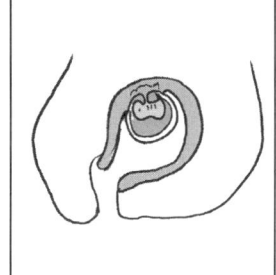
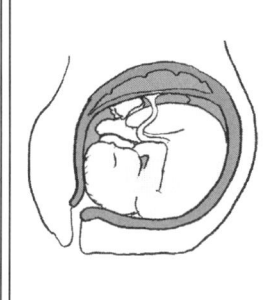

生まれる直前の子宮の中の様子

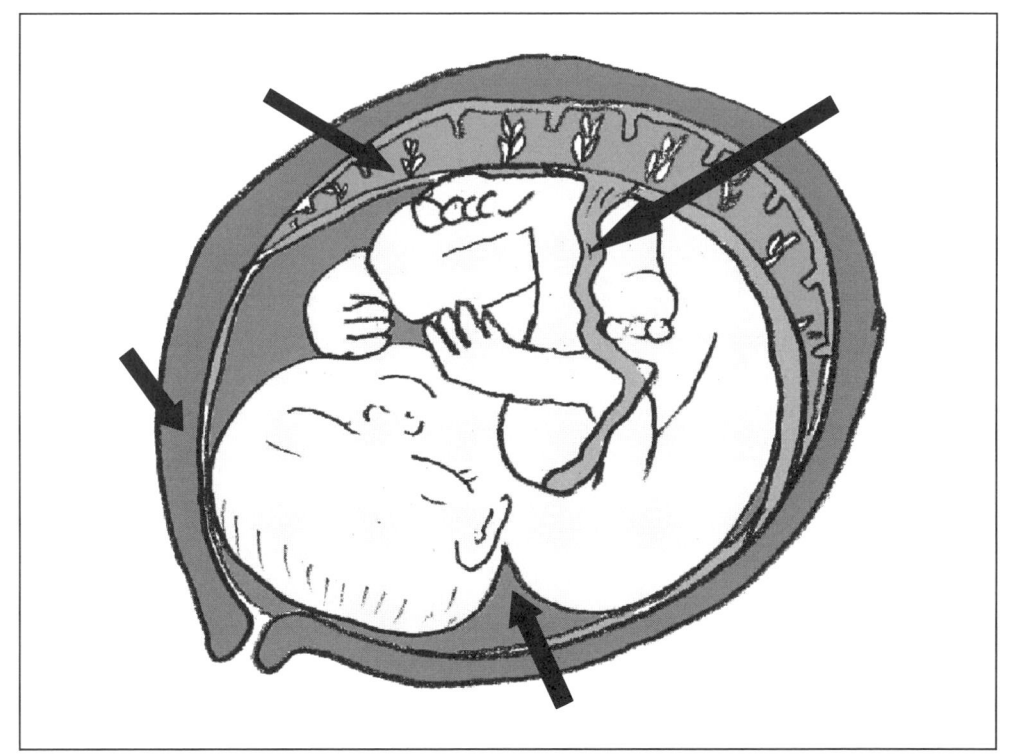

ワークシート⑨　　　　　月　　日　天気　　　　気温　　　℃

| 動物の誕生 | 年　　組　名前 |

めあて　　ヒトは胎児や赤ちゃんのとき，どのように養分を取り入れていたのか調べよう

問い1　ヒトはメダカと比べ，どのように育ってきたのかまとめよう

	ヒト	メダカ
受精卵の大きさ		
育つ場所		
受精卵の大きさの変化		
生まれる前に育つ養分		
生まれてからの養分		
育てられ方		

問い2　ヒトとメダカでにているところをさがそう

問い3　ヒトとメダカで違っているところをさがそう

ワークシート⑩　　　　月　　日　天気　　　　気温　　　　℃

動物の誕生　　　　　　　　　　年　　組　名前

めあて　　他の動物のたんじょうと比べてみよう

問い　　他の動物のたんじょうの仕方を比べてみよう

	ヒト	ニワトリ	カメ	カエル	モンシロチョウ
卵で生まれる					
生まれてから世話をする					
幼虫のときがある					
体が毛でおおわれている					
結婚(交尾)をする					

まとめ

------

4 流れる水の働きと土地の変化

　4年の「雨水の行方と地面の様子」の学習で，雨水によって地面の様子が変化することを学びました。5年では，流れる水にはどんな働きがあるのかを予想し，作った川に水を流して実験することで，侵食・運搬・堆積について理解させます。眼の前で起こる変化に，子どもたちの目は輝きます。川の上流・中流・下流の様子の違いを，川の流れと関連付けて考えさせます。また，台風や長雨で増水した川の氾濫や，土石流や土砂崩れなどの災害の実態を知り，被害を少なくするためにできることについて考えさせ，防災意識を育てます。

育成する資質・能力

【知識及び技能】

　流れる水には，侵食・運搬・堆積という働きがあること，上流と下流で石の大きさや形の違いがあること，増水により土地の様子が変化することを理解する。

【思考力，判断力，表現力等】

　流れる水の働きについて追究する中で，流れる水の働きと土地の変化との関係についての予想や仮説を基に，解決の方法を発想し，表現する。

【学びに向かう力，人間性等】

　主に予想や仮説を基に，解決の方法を発想する力や主体的に問題解決しようとする態度を育成する。

単元の構成　※丸付数字はワークシートの番号

第一次　流れる水の働き
- 第1時　侵食・運搬・堆積…①

第二次　地面を流れる水の働き
- 第1時　流れる水と土山の様子1…②
- 第2時　流れる水と土山の様子2…③
- 第3時　流れる水と土山の様子3…④

第三次　川の流れとその働き
- 第1時　川原や川岸の様子…⑤
- 第2時　上流・中流・下流の違い…⑥
- 第3時　川の流れと地形…⑦
- 第4時　川の流れと私たちの暮らし…⑧

解説とワークシートの解答

第一次 第1時 ワークシート① 「侵食・運搬・堆積」

目標 流れる水には，土地を侵食したり，土砂を運搬・堆積させたりする働きがあることを理解できる。

準備物
- 増水した川の画像
- 蓋つきガラスびん
- 土砂

授業の流れ

① 流れる水の働き（侵食・運搬・堆積作用）について知る。

② 大雨後の川の水が濁っている理由について話し合う。

③ 水の濁りの元は何か実験して確かめ，侵食・運搬・堆積作用の実際を確かめる。

指導のポイント

- まず，侵食・運搬・堆積作用について説明します。
- 雨後に校庭にできた溝の様子（4年の学習）を想起させます。
- 増水した川の水が茶色く濁っている理由について考え，話し合わせます。
- 蓋つきガラスびんに土砂と水を入れたものを準備し，激しくシェイクさせます。増水した川では，削り取られた土砂が激しい川の流れで撹拌されて，水が茶色く濁ることがイメージできるでしょう。
- それを静置すると，大きな粒から下に沈んでいく様子が確認できます。これは，6年の堆積実験にもつながる体験になります。

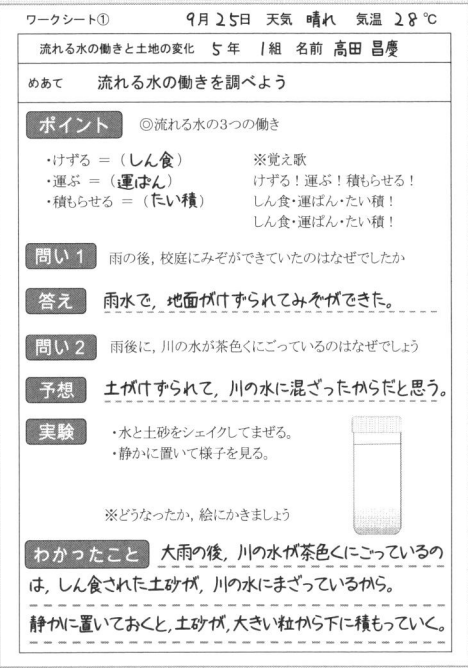

ワークシート① 9月25日 天気 晴れ 気温 28℃
流れる水の働きと土地の変化 5年 1組 名前 高田 昌慶
めあて 流れる水の働きを調べよう

ポイント ◎流れる水の3つの働き
- けずる ＝（しん食）
- 運ぶ ＝（運ぱん）
- 積もらせる ＝（たい積）
※覚え歌 けずる！運ぶ！積もらせる！しん食・運ぱん・たい積！しん食・運ぱん・たい積！

問い1 雨の後，校庭にみぞができていたのはなぜでしたか
答え 雨水で，地面がけずられてみぞができた。

問い2 雨後に，川の水が茶色くにごっているのはなぜでしょう
予想 土がけずられて，川の水に混ざったからだと思う。

実験
・水と土砂をシェイクしてまぜる。
・静かに置いて様子を見る。
※どうなったか，絵にかきましょう

わかったこと 大雨の後，川の水が茶色くにごっているのは，しん食された土砂が，川の水にまざっているから。静かに置いておくと，土砂が，大きい粒から下に積もっていく。

第二次 第1時 ワークシート② 「流れる水と土山の様子1」

目標 流れる水の働きを確かめるための流路を考え，班や全体で話し合って，より良い実験モデルを計画することができる。

準備物
- ワークシート
- 模造紙
- 色マジック

授業の流れ

① 流れる水の働きを調べるための流路を個人で考え，ワークシートに描く。

② 班でアイディアや意見を出し合い，結果を予想しながら，流路を決定する。

③ 全体で，班ごとの流路とそのねらいを交流し合い，流路の数を2～4に絞る。

指導のポイント

- 既習事項を基に，個人で「侵食・運搬・堆積」を確認できる流路を計画させます。
- 流れを途中で2つに分けるなどして条件を変えることで，対照実験になるよう助言しておきます。
- 班で計画のねらいやアイディアを交流させ，結果に違いが出るか検討させます。
- 班で1つの実験モデルを，模造紙にまとめさせます。
- 全体で計画を交流し合い，実験環境に合わせて，最終的に2～4の計画に絞らせます。
- 事前に土を踏み固めて，傾斜の緩い土山に，2～4の実験面を作っておきます。

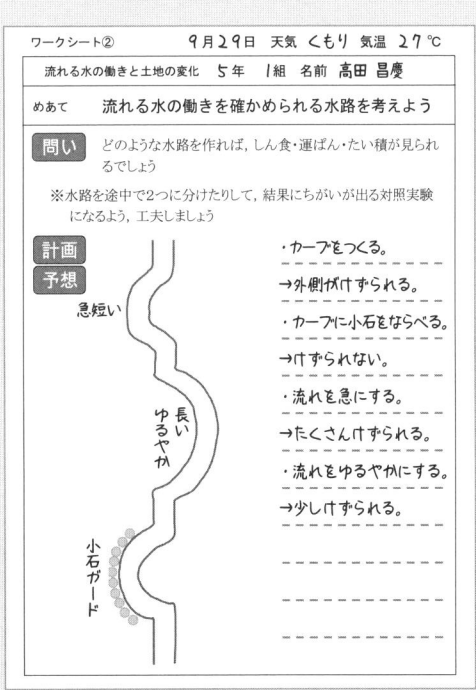

ワークシート② 9月29日 天気 くもり 気温 27℃
流れる水の働きと土地の変化 5年 1組 名前 高田 昌慶
めあて 流れる水の働きを確かめられる水路を考えよう

問い どのような水路を作れば，しん食・運ぱん・たい積が見られるでしょう

※水路を途中で2つに分けたりして，結果にちがいが出る対照実験になるよう，工夫しましょう

計画・予想
急短い
- カーブをつくる。→外側がけずられる。
- カーブに小石をならべる。→けずられない。

長いゆるやか
- 流れを急にする。→たくさんけずられる。
- 流れをゆるやかにする。→少しけずられる。

小石ガード

4 流れる水の働きと土地の変化

解説とワークシートの解答

第二次 第2時 ワークシート③ 「流れる水と土山の様子2」

目標 土山に流路を作って水を流し，土砂が削られたり積もったりする様子を観察して，記録することができる。

準備物
- □土山や流れる水の働き実験器
- □小石など
- □デジカメなど

授業の流れ

土山に，計画した水路を作ったり，障害物などを置いたりする。

↓

②流路に水を流し，侵食・運搬・堆積の様子を観察する。

↓

③気づいたこと，分かったことを，その都度発表して共有化し，記録する。

指導のポイント

- 前時の計画通りに流路が作られているかチェックし，足らずをサポートします。
- 水量の影響は大なので，教師が水を流した方がよいでしょう。
- 水を流す前に，土砂が削られやすい場所，積もりやすい場所を，予測させておきます。
- 全員が同じように観察することはできないので，変化に気づき次第，大きな声でみんなに知らせるよう指示しておきましょう。
- 流路の途中でビーカーに水を採取させ，土砂が運搬されていることを確認させます。
- チョークの粉は，ホームセンターで購入した方が便利です。

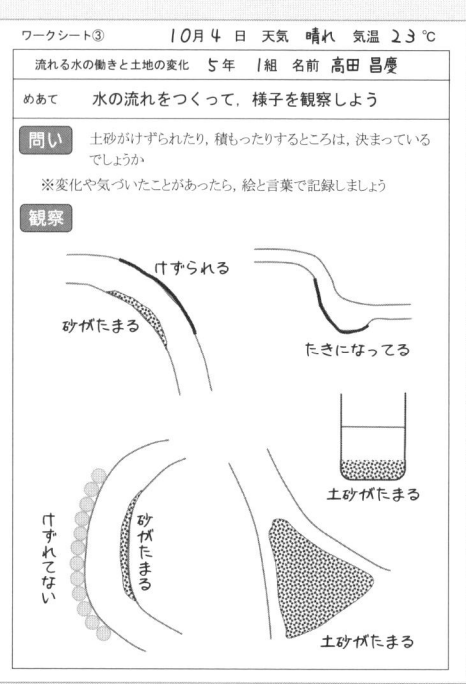

第二次 第3時 ワークシート④ 「流れる水と土山の様子3」

目標 実験で分かったことなどを整理しながら交流し，流路や水量と，侵食・運搬・堆積との関係を理解することができる。

準備物
- □デジカメの画像や動画

授業の流れ

実験で気づいたことを発表し合う。

↓

②そうなった理由について考えを出し合う。

↓

分かったことを，項目別にまとめる。

指導のポイント

- 百聞は一見に…と言いますが，ビデオより，一体験に勝るものはないようです。
- 前時に気づいたことなどを，時間をかけて出し合わせます。
- 自由に発表させないで，カーブの外側や流路の幅，水の色など，キーワードごとに整理すると分かりやすくなります。
- その場面を見ることができなかった子のために，デジカメの画像などで説明をサポートします。
- 見たのに記録していなかったことがあったら，空きスペースに書き加えさせます。
- そうなった理由を適宜子どもに投げ返すと，授業が単調にならないでしょう。

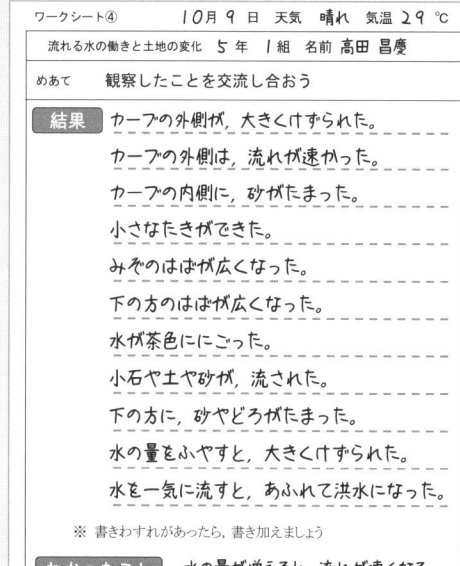

解説とワークシートの解答

第三次 第1時 ワークシート⑤ 「川原や川岸の様子」

目標 川を流れる水の働きで，川原や川岸の様子が変化することを理解することができる。

準備物
- 川の流れの画像
- ビデオ

授業の流れ

①川の流れによる，川原や川岸の様子の変化について考える。

↓

②モデル実験と対応させて考える。

↓

③ビデオを視聴して，分かったことをまとめる。

指導のポイント

- 川の流れの外側と内側の様子を問うたとき，内側が川原になっていることは何とか出てきますが，外側が崖になっているという認識はないようです。子どもが思う崖は，何mも切り立ったものだからでしょう。
- 実地見学は難しいですので，ビデオ視聴で，予想を確認します。
- ビデオ視聴では様々な気づきが出てくるので，流れの外側と内側で，様子を対応させてまとめていきます。
- 外側の崖の様子は分かりにくくても，水の中では速い流れで大きく削られていること，深くなっていることを，水難事故防止のためにも強調します。

ワークシート⑤ 10月11日 天気 晴れ 気温 29℃
流れる水の働きと土地の変化 5年 1組 名前 高田 昌慶

めあて 川の水で，川原や川岸の様子が変化するか考えよう

ポイント ◎蛇行（だこう）＝川が曲がりくねっていること

問い1 川がまっすぐに流れず，（蛇行）しているのはなぜでしょう
予想 実験のように，外側がけずられるからだと思う。

問い2 川の外側と内側で，ちがうことはなんでしょう
予想 内側には小石がたまって，川原になっている。

問い3 ビデオをみて分かったことは何ですか
結果 カーブの外側のスピードはとても速かった。
カーブの外側の底は，とても深くなっていた。
カーブの外側では，石も運ばれていた。
カーブの内側は，川原になっていた。

わかったこと カーブの外側は，流れが速い→どんどんけずられ，運ばれていく＝がけ，深い。カーブの内側は，流れがゆるやか→小石や砂が積もる＝川原，浅い。川を流れる水にも，3つの働き（しん食・運ぱん・たい積）がある。

第三次 第2時 ワークシート⑥ 「上流・中流・下流の違い」

目標 川の上流・中流・下流を比較して，流れる水の働き，川幅や流速，川岸や石の様子の違いを理解することができる。

準備物
- 上流・中流・下流の写真やビデオ

授業の流れ

①川の上流・中流・下流の様子を，写真やビデオで見る。

↓

②違いについて気づいたことをメモして話し合う。

↓

③流れる水の働きなど，項目別に整理する。

指導のポイント

- まず，上流・中流・下流が川のどの辺りを指すのか，写真やイラストを提示して，地形的な説明をします。
- 写真やビデオを視聴して，気づいた違いをメモさせます。
- 特徴や違いを，流れる水の働き，川幅，流速，川岸や石の様子などの項目別に，比較しながら整理します。
- 流れる水の働きが，場所によって強まるだけでなく，弱まることもあることを理解させます。
- 上流で降った雨が川の流れとなり，時間をかけて，少しずつ地形を変えながら，河口まで流れ着く，長い旅をイメージさせたいものです。

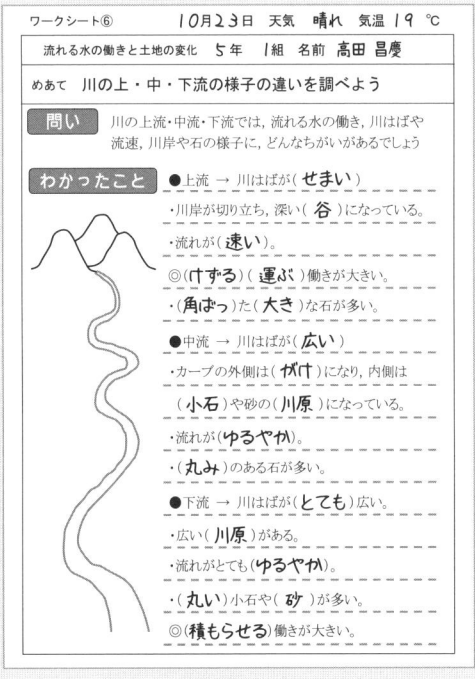

ワークシート⑥ 10月23日 天気 晴れ 気温 19℃
流れる水の働きと土地の変化 5年 1組 名前 高田 昌慶

めあて 川の上・中・下流の様子の違いを調べよう

問い 川の上流・中流・下流では，流れる水の働き，川はばや流速，川岸や石の様子に，どんなちがいがあるでしょう

わかったこと
- 上流 → 川はばが（せまい）
- 川岸が切り立ち，深い（谷）になっている。
- 流れが（速い）。
- ◎（けずる）（運ぶ）働きが大きい。
- （角ばっ）た（大き）な石が多い。
- 中流 → 川はばが（広い）
- カーブの外側は（がけ）になり，内側は（小石）や砂の（川原）になっている。
- 流れが（ゆるやか）。
- （丸み）のある石が多い。
- 下流 → 川はばが（とても）広い。
- 広い（川原）がある。
- 流れがとても（ゆるやか）。
- （丸い）小石や（砂）が多い。
- ◎（積もらせる）働きが大きい。

4 流れる水の働きと土地の変化

解説とワークシートの解答

第三次 第3時 ワークシート⑦「川の流れと地形」

目標 川を流れる水の侵食・運搬・堆積作用によって、崖や川原ができるだけでなく、地形までも変わってしまうことがあることを理解することができる。

準備物 □V字谷や扇状地などの写真やビデオ

授業の流れ
① V字谷や扇状地など、流れる水の働きでできた特徴的な地形の写真などを見る。
② それぞれの地形と、3つの流れる水の働きとの関連を考えて話し合う。
③ 三日月湖や三角州などが、どのようにしてできたのか説明し合う。

指導のポイント
- 削られた土砂は、同時にどんどん運ばれていくので「削ると運ぶはワンセット」と覚えさせます。
- 運ぶ働きが弱まる＝積もらせる働きが大きくなることは、案外理解しにくいようです。
- 大人にとっては特徴的な地形でも、子どもには分かりにくいものです。どこが特徴的なのか、視点を明らかにすることが必要です。
- 写真で、V字谷などが流れる水のどの働きでできたのか考えさせます。ビデオで、各地形が形作られた経緯を補足します。
- 上流・中流・下流の流れの特徴と関連付けて説明できるように指示します。

ワークシート⑦ 10月25日 天気 晴れ 気温 20℃
流れる水の働きと土地の変化　5年　1組　名前 高田 昌慶
めあて 流れる水の働きでできた地形について考えよう
問い 川の流れには、地形まで変えてしまう力があります。以下の地形は、どんな働きによってできたのでしょう
予想 ※川の流れのかたむきや、川はばのちがいなどから考えてみましょう

① V字谷（ぶいじだに）：川の（上流）：形が（Vの字）ににている。
　（川底）や（川岸）が（けずられ）てできた。

② 扇状地（せんじょうち）：川の（上流〜中流）：形が（扇）ににている。
　流れが（ゆるやか）になって土砂が（積もった）。

③ 蛇行（だこう）：川の（中流）：形が（蛇）ににている。
　小さな（曲がり）が少しずつ（大きく）なった。

④ 三日月湖（みかづきこ）：川の（中流）：形が（三日月）ににている。
　大雨で（洪水）になり別の川ができて（残された）。

⑤ 三角州（さんかくす）：川の（下流）：形が（三角形）ににている。
　川はばが（広く）なり運ぶ働きが（弱く）なった。

わかったこと 川の流れる水の働きは、長い年月をかけて地形を変えてしまうことがある。

第三次 第4時 ワークシート⑧「川の流れと私たちの暮らし」

目標 長雨や集中豪雨による川の増水による自然災害と、防災の工夫や救助・復興にはどのようなものがあるか理解することができる。

準備物 □水害や防災、救助や復興に関する写真やビデオ

授業の流れ
① 大雨で増水した川の様子や発生する災害の写真やビデオを見る。

② 水害を防ぐための工夫の写真やビデオを見る。

③ 防災のために自分にできることを考える。

指導のポイント
- これまで、洪水などで浸水被害などにあった経験がないか聞いてみます。その際、親族が大きな被災をしていないか配慮します。
- 増水すると流速が速まり、侵食・運搬作用が強まることを、ビデオで確かめさせます。
- 新聞やネットで資料を集め、水害の悲惨な被災状況を知らせることで、自分ごととして災害を捉えられるようにします。
- 被災地で救助にあたる人々、復興のために努力する人々、ボランティアの尽力などの資料も集めて提示し、今の自分だけでなく、これからの自分にできることについて考えさせたいものです。

ワークシート⑧ 10月27日 天気 晴れ 気温 23℃
流れる水の働きと土地の変化　5年　1組　名前 高田 昌慶
めあて 洪水などによる、ひ害について考えよう

問い1 増水すると、川の流れはどのように変化するでしょう
答え （けずる・運ぶ）働きが（大きく）なる。

問い2 増水した川の流れによる水害には、どのようなものがあるでしょう
ポイント 洪水、床下・床上しん水、土石流

問い3 ひ害の様子を見て、感じたことは何ですか
感じたこと 水害はこわいと思いました。
水の力で、こんなひどいことになるとは思いませんでした。ひ害に会わないためには、早めにひなんすることが大切だと思いました。

問い4 ひ災地の様子を見て、感じたことは何ですか
感じたこと 元の生活にもどることは大変だと思った。
じえいたいやレスキューの人たちが、助けるためにがんばっていた。ボランティアの人たちも、あせを流してがんばって助けていて、すごいなと思った。

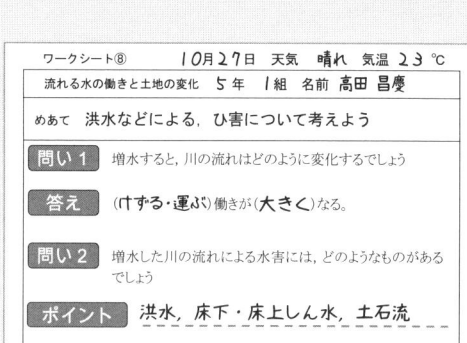

ポイント解説

指導のアイデアとコツ

北山川の大蛇行「龍穴」

和歌山県新宮市熊野町紀和町の木津呂地区にある北山川の上流には，川が大きく蛇行してできた「龍穴」があります。山の上から見た景色が絶景だと話題になりました。後方の山々の方が上流です。龍穴で流れがほぼ1周しています。ですから，この丸い部分の外側がすべて崖になっており，白く見える内側が川原。その後，流れは右にヘアピンカーブを描き，大きく蛇行しています。周囲が山々に囲まれているため，流れはここで一旦ストップし，外側は崖で内側はすべて川原という，特異な地形が形作られたようです。

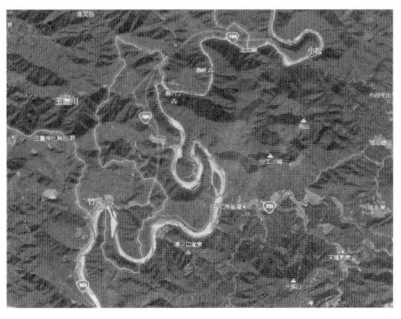

山は造山活動によって形成される場合がありますが，V字谷やグランドキャニオンのように，川の流れの浸食作用によって，流れの左右に山が形成される場合もあります。北山川の流れを見ると，龍穴の上流でも下流でも川が異様なほどに蛇行しています。上空から見ると，まるで巨大な龍がのたうっているようにも見えます。

地元の川の源流から河口まで

上記のような特異な地形で蛇行を強く印象づけることは大切ですが，地元の川の流れがどこからスタートし，どこで海に流れ込むのかを知ることは，もっと大切ではないでしょうか。大人は，水難事故が起こらないよう，子どもを川から遠ざけています。家の人と釣りに行ったり，川原でBBQをしたりすることがなければ，川の流れや水の感触，匂いや色など，実際に体験して知ることはできません。実習で近くの川へ出かけるにしても，安全面に十分配慮する必要があるので，昔のように簡単に引率することはできません。

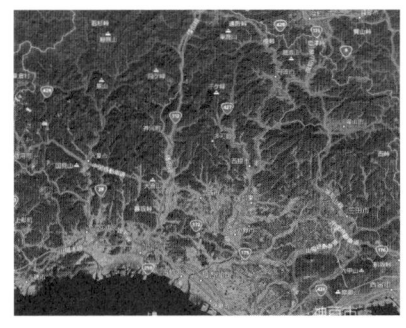

このような実態だからこそ，せめて画像やgoogleマップで，源流から河口までの旅を経験させてやりたいと思います。

山のある方が北で，海のある方が南？

私の勤務地（瀬戸内海沿岸）では，方位の認識があやふやな3・4年生には，山のある方が北で，海のある方が南だと教えています。つまり，川はおよそ北から南に流れています。しかし，日本海側では，これが全く反対になります。

川の流れは，分水嶺というところで方向を変えていることも，5年生の子ども達には教える

4 流れる水の働きと土地の変化

ようにしています。兵庫県丹波市石生地区には，本州一標高の低い分水嶺があります。ここを起点に，北は黒石川，竹田川，土師川，由良川を経て，約70km先の日本海へ流れていきます。南は高谷川，加古川を経て，約70km先の瀬戸内海へ流れていきます。

分水嶺の近隣にある「水別れ公園」では，北と南に分岐している用水路を見ることができます。

石の旅：上流→中流→下流はウソ？ホント？

一般的な傾向として，上流の石は大きくて角張っている。中流の石は丸みを帯びた形になり，下流では，丸くて小さな石や砂で川原が形成されていると教えます。

角張った石と丸い石，大きい石と小石や砂。場所によって，なぜこのような違いがあるのでしょう。この疑問に対する説明には，ビデオを視聴するのが効果的です。

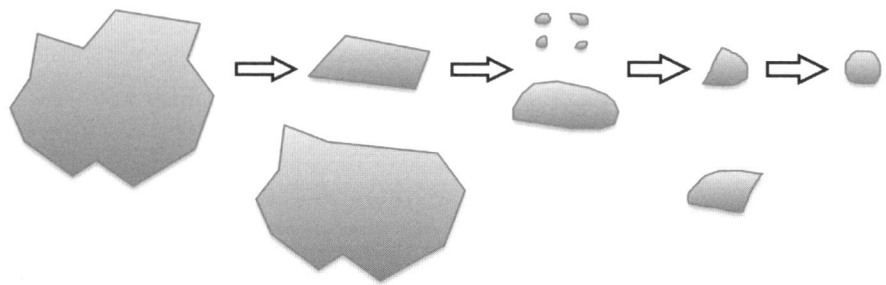

ただ，見方によっては，子どもに以下のような誤認識を植えつけてしまう恐れがあります。それは，上流の大きな石が，流れる水の運搬作用によって下流まで運ばれる。その道中で，川底や別の石とぶつかり合うことで割れて小さくなる。また，割れないまでも，角が削られて丸みを帯びるようになる。そうして，下流の丸い小石や砂に「姿を変える」というものです。

子ども達が納得しやすいので，モデルとしてはよいのかもしれません。しかし，大きな岩や石は，よほどの大雨でも降らない限り，重いので流されることはないでしょう。運ばれるのは，ある程度小さな石でしょう。それに，その石が粉々に砕かれながら下流まで運ばれることもないでしょう。つまり，途中に残る部分もあるし，最後まで運ばれる部分もあるということです。

ただ，昨今の大水害の後，下流で巨大な岩が川原に取り残されていることがあります。何tもある岩を上流からゴロンゴロンと運んできた流れる水の力を思うと，そら恐ろしい気持ちになります。

石が削られると…

目の前で，石がぶつかり合い，割れて小さくなったり，角が削られて丸みを帯びたりする様子を見せてやりたいと思います。しかし，川原にある石は硬いので，簡単に割れたり，短時間

で丸みを帯びたりすることはありません。

そこでお勧めなのが，勾玉作りに使う比較的柔らかな「滑石」です。滑石は，教材屋さんで手に入ります。

フタができる瓶に，滑石2〜3個と水を半分ほど入れます。1人20回ぐらいシェイクしては交代していきます。水はすぐに白く濁ります。濁っているのでわかりにくいですが，石の角がどんどん削れているのです。2つに割れることもあります。経過を見たいので，途中で取り出し，水洗いします。短時間で丸みを帯びていることに，子ども達は驚きます。俄然やる気がアップしますが，激しくシェイクし過ぎて水をまき散らさないよう注意します。

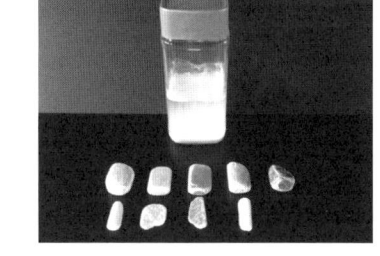

しばらくして取り出した結果が，右の画像です。ぶつかり合っているうちに角が取れ，丸みを帯びるようになることを，体験を通して理解できます。ただ，削れた方は，小石や砂ではなく粉状になってしまうところが，やや難点かもしれません。

川砂の角は丸くない!?

上流の石は大きくて角張っている。中流の石は丸みを帯びていて，下流では丸い小石や砂になっている。前述のように，場所によって違う石のイメージを学びます。

しかし，上流にも小石や砂はあります。ただ，上流の小石や砂は角張っていて，下流の小石や砂は丸くなっていると当たり前のように教えてきました。

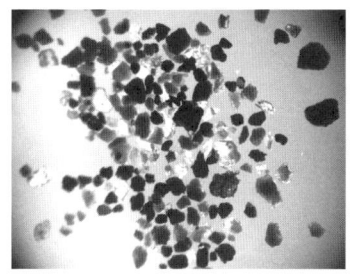

あるとき，何気なく下流の砂を双眼実体顕微鏡で見て驚きました。右の画像のように，砂粒は角張っていたのです。上流はともかく「下流の砂粒」は他の石とぶつかり合って角が取れ，丸くなっているはずです。なぜ，欠けたばかりのように，角張っているのでしょう。

逆から考えて答えが出ました。欠けてできた小さな粒は，ぶつかり合うことはあるでしょうが重さが軽いので衝撃が小さく，その角がさらに欠けて丸くなることはないのでしょう。

では，浜辺の砂はどうでしょう。双眼実体顕微鏡で見てみると，右の画像のように丸みを帯びていました。明らかに角が取れています。川砂との違いは何でしょう。

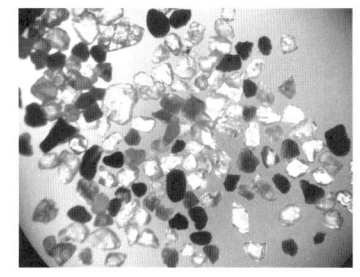

浜辺の砂は，ぎっちりと重なり合っています。その上に，波打ち際で数え切れないほど波に洗われています。これは，乳鉢に入れて乳棒で何回となく擦り合わせたのと同じ状態です。互いに密に触れ合い擦れ合ううちに，角が取れていったのだと考えられます。

この事実を勉強会で報告しましたが，理科担当者でも知っている人はいませんでした。当たり前だと思い込んでいても，確かめてみると間違っていることが他にもあるかもしれませんね。

ワークシート①　　　　月　　日　天気　　　　気温　　　℃

流れる水の働きと土地の変化　　年　　組　名前

めあて　流れる水の働きを調べよう

ポイント　◎流れる水の3つの働き

- けずる ＝（　　　）　　　　※覚え歌
- 運ぶ ＝（　　　）　　　　けずる！運ぶ！積もらせる！
- 積もらせる ＝（　　　）　　　しん食・運ぱん・たい積！
　　　　　　　　　　　　　　しん食・運ぱん・たい積！

問い1　雨の後，校庭にみぞができていたのはなぜでしたか

答え　――――――――――――

問い2　雨後に，川の水が茶色くにごっているのはなぜでしょう

予想　――――――――――――

実験
- 水と土砂をシェイクしてまぜる。
- 静かに置いて様子を見る。

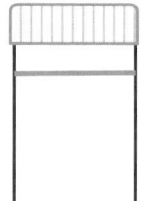

※どうなったか，絵にかきましょう

わかったこと　――――――――――――

――――――――――――

――――――――――――

| ワークシート②　　　　月　　日　天気　　　　気温　　　℃ |

| 流れる水の働きと土地の変化　　年　　組　名前 |

| めあて | 流れる水の働きを確かめられる水路を考えよう |

問い　どのような水路を作れば, しん食・運ぱん・たい積が見られるでしょう

※水路を途中で2つに分けたりして, 結果にちがいが出る対照実験になるよう, 工夫しましょう

計画
予想

ワークシート③	月　　日　天気　　　　気温　　　℃

流れる水の働きと土地の変化	年　　組　名前

めあて	水の流れをつくって，様子を観察しよう

問い　土砂がけずられたり，積もったりするところは，決まっているでしょうか

※変化や気づいたことがあったら，絵と言葉で記録しましょう

観察

ワークシート④	月　　日　天気　　　　気温　　　℃
流れる水の働きと土地の変化	年　　組　名前

めあて	観察したことを交流し合おう

結果

※ 書きわすれがあったら，書き加えましょう

わかったこと

| ワークシート⑤ | 月　　日　天気　　　　気温　　　℃ |

| 流れる水の働きと土地の変化 | 年　　組　名前 |

めあて　　川の水で，川原や川岸の様子が変化するか考えよう

ポイント　　◎蛇行(　　　　)＝川が曲がりくねっていること

問い1　川がまっすぐに流れず,（　　　）しているのはなぜでしょう

予想

問い2　川の外側と内側で，ちがうことはなんでしょう

予想

問い3　ビデオをみて分かったことは何ですか

結果

わかったこと

ワークシート⑥　　　　　月　　日　天気　　　　　気温　　　℃

流れる水の働きと土地の変化　　年　　組　名前

めあて　川の上・中・下流の様子の違いを調べよう

問い　川の上流・中流・下流では，流れる水の働き，川はばや流速，川岸や石の様子に，どんなちがいがあるでしょう

わかったこと
- ●上流 → 川はばが（　　　）
- ・川岸が切り立ち，深い（　　）になっている。
- ・流れが（　　　）。
- ◎（　　）（　　　）働きが大きい。
- ・（　　）た（　　　）な石が多い。

- ●中流 → 川はばが（　　　）
- ・カーブの外側は（　　　）になり，内側は（　　　）や砂の（　　　）になっている。
- ・流れが（　　　）。
- ・（　　　）のある石が多い。

- ●下流 → 川はばが（　　　）広い。
- ・広い（　　　）がある。
- ・流れがとても（　　　）。
- ・（　　　）小石や（　　　）が多い。
- ◎（　　　）働きが大きい。

ワークシート⑦　　　　　　月　　日　天気　　　　気温　　　　℃

流れる水の働きと土地の変化　　年　　組　名前

めあて　流れる水の働きでできた地形について考えよう

問い　川の流れには、地形まで変えてしまう力があります。以下の地形は、どんな働きによってできたのでしょう

予想　※川の流れのかたむきや、川はばのちがいなどから考えてみましょう

① V字谷　（　　　）
　川の（　　　）：形が（　　　）ににている。
　（　　　）や（　　　）が（　　　）てできた。

② 扇状地　（　　　）
　川の（　　～　　）：形が（　　　）ににている。
　流れが（　　　）になって土砂が（　　　）。

③ 蛇行　（　　　）
　川の（　　　）：形が（　　　）ににている。
　小さな（　　　）が少しずつ（　　　）なった。

④ 三日月湖　（　　　）
　川の（　　　）：形が（　　　）ににている。
　大雨で（　　　）になり別の川ができて（　　　）。

⑤ 三角州　（　　　）
　川の（　　　）：形が（　　　）ににている。
　川はばが（　　　）なり運ぶ働きが（　　　）なった。

わかったこと　_____
_____

ワークシート⑧　　　　月　　日　天気　　　　気温　　　℃

| 流れる水の働きと土地の変化　　年　　組　名前 |

めあて　洪水などによる，ひ害について考えよう

問い1　増水すると，川の流れはどのように変化するでしょう

答え　（　　　　　　）働きが（　　　　　）なる。

問い2　増水した川の流れによる水害には，どのようなものがあるでしょう

ポイント　- -

問い3　ひ害の様子を見て，感じたことは何ですか

感じたこと

問い4　ひ災地の様子を見て，感じたことは何ですか

感じたこと

5 物の溶け方

物を水に溶かす行為は，子どもにとっては日常的なことではありません。溶ける様子に関心をもったこともないでしょう。しかし，この単元では，食塩だけでなく，初めて見るミョウバンを溶かす作業に，飽きることなく集中して取り組みます。さらに，使ったことのない様々な実験器具の扱い方を覚えながら，条件を制御しつつ，定量的に実験を進めていきます。
派手さはありませんが，次々と展開される課題に対して，役割を交代しながら協力して取り組むことでしょう。理解の助けとなる表やグラフの作成にも，慣れさせたいと思います。

育成する資質・能力

【知識及び技能】
物が水に溶けても重さは変わらず，溶ける量には限度があり，溶ける物や水の温度・量によって違い，溶けている物を取り出せることを理解する。

【思考力，判断力，表現力等】
物の溶け方について追究する中で，物の溶け方の規則性についての予想や仮説を基に，解決の方法を発想し，表現する。

【学びに向かう力，人間性等】
主に予想や仮説を基に，解決の方法を発想する力や主体的に問題解決しようとする態度を育成する。

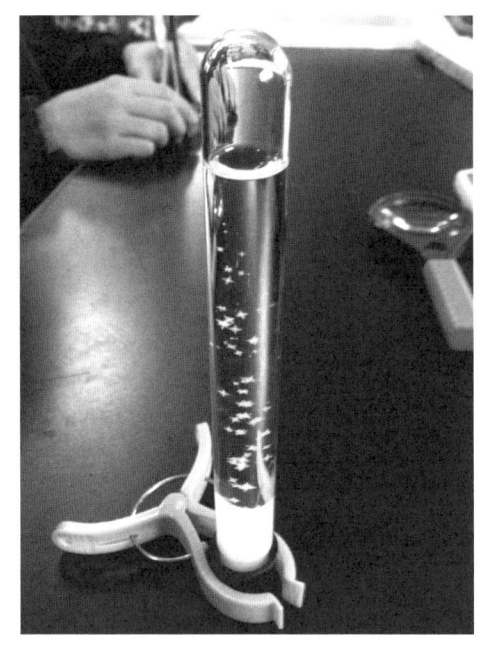

単元の構成 ※丸付数字はワークシートの番号

第一次 物の溶け方
　第1時　水に溶ける食塩…①
　第2時　水溶液とメスシリンダー…②

第二次 水に溶けた物のゆくえ
　第1時　水に溶けた食塩の重さ…③

第三次 物が水に溶ける量
　第1時　物が溶ける量の限界1…④
　第2時　物が溶ける量の限界2…⑤
　第3時　物が溶ける量の限界3…⑥
　第4時　物が溶ける量の限界4…⑦

第四次 溶かした物を取り出す
　第1時　ミョウバンの濾過…⑧
　第2時　濾液の冷却・蒸発1…⑨
　第3時　濾液の冷却・蒸発2…⑩

解説とワークシートの解答

第一次 第1時 ワークシート① 「水に溶ける食塩」

目標　食塩の粒が水に溶けていく様子を観察し，溶けた食塩がどうなるのか考えるとともに，水溶液の定義を理解することができる。

準備物
- □食塩　□1.5L炭酸系ペットボトル
- □500mLビーカー　□お茶パック
- □割り箸

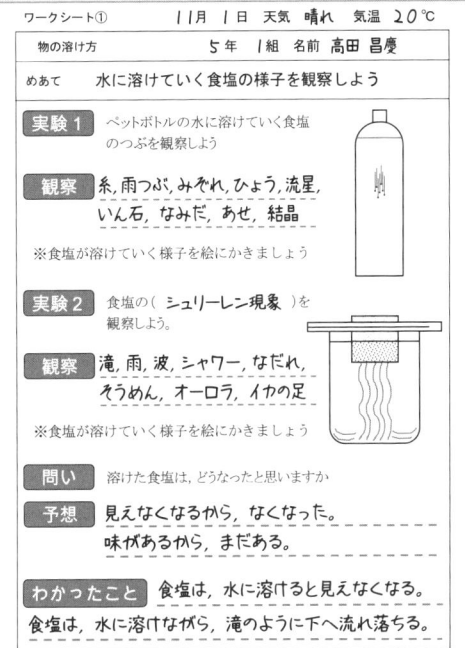

授業の流れ
①ペットボトルの水に食塩が溶けていく様子を観察して，感想をもつ。
↓
②ビーカーでシュリーレン現象を観察して感想をもつ。
↓
③溶けた食塩がどうなったのか話し合う。

指導のポイント
- 子どもにとっては，食塩の粒が溶けきるまでの様子を観察するのは，初めての体験になるでしょう。
- 一人ずつ交代して，一摘みの食塩を，ペットボトルの口から落とさせます。
- フタを閉めておき，底に達しても溶けきらない場合，逆さにして，溶けて見えなくなる瞬間を確認させます。
- 溶けた食塩が滝のように流れ落ちていくシュリーレン現象に，子どもの目は釘づけになります。
- 溶けた食塩がどうなったのか話し合わせます。

【ワークシート①　11月1日　天気　晴れ　気温　20℃】
物の溶け方　5年1組　名前　高田　昌慶
めあて　水に溶けていく食塩の様子を観察しよう

- 実験1：ペットボトルの水に溶けていく食塩のつぶを観察しよう
- 観察：糸，雨つぶ，みぞれ，ひょう，流星，いん石，なみだ，あせ，結晶
- ※食塩が溶けていく様子を絵にかきましょう
- 実験2：食塩の（シュリーレン現象）を観察しよう
- 観察：滝，雨，波，シャワー，なだれ，そうめん，オーロラ，イカの足
- ※食塩が溶けていく様子を絵にかきましょう
- 問い：溶けた食塩は，どうなったと思いますか
- 予想：見えなくなるから，なくなった。味があるから，まだある。
- わかったこと：食塩は，水に溶けると見えなくなる。食塩は，水に溶けながら，滝のように下へ流れ落ちる。

第一次 第2時 ワークシート② 「水溶液とメスシリンダー」

目標　水溶液について知り，どのようなものが水溶液か調べる。メスシリンダーの使い方を理解し，正しく使うことができる。

準備物
- □数種の水溶液など　□メスシリンダー
- □100mLビーカー　□スポイト

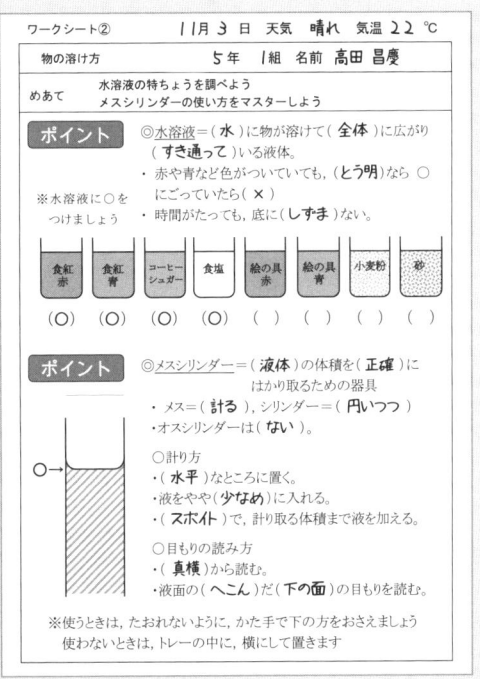

授業の流れ
①水溶液の定義を知り，水溶液とそうではないものを区別する。
↓
②メスシリンダーの意味と，使い方を理解する。
↓
③メスシリンダーで，規定量を正しく計り取る。

指導のポイント
- 食紅の赤・青などと，絵の具の赤・青などを水に溶かした液体の様子を比較して，水溶液とは何かをまとめさせます。
- メスシリンダーという，名前の由来の説明は必要だと思います。
- 目盛は真横から読むので，椅子に座ったままではダメです。必ず椅子を外し，しゃがんで目盛を読むよう指示します。
- へこんだ下の液面で目盛を読むと学びますが，やらせてみると，液面が光って正しく捉えられません。
- できたら先生を呼ぶということで，何度も机間巡視する必要があります。

【ワークシート②　11月3日　天気　晴れ　気温　22℃】
物の溶け方　5年1組　名前　高田　昌慶
めあて　水溶液の特ちょうを調べよう／メスシリンダーの使い方をマスターしよう

- ポイント：◎水溶液＝（水）に物が溶けて（全体）に広がり（すき通って）いる液体。
- ※水溶液に○をつけましょう
- ・赤や青など色がついていても，（とう明）なら○
- ・にごっていたら（×）
- ・時間がたっても，底に（しずま）ない。

食紅赤	食紅青	コーヒーシュガー	食塩	絵の具赤	絵の具青	小麦粉	砂
(○)	(○)	(○)	(○)	( )	( )	( )	( )

- ポイント：◎メスシリンダー＝（液体）の体積を（正確）にはかり取るための器具
- ・メス＝（計る），シリンダー＝（円いつつ）
- ・オスシリンダーは（ない）。
- ○計り方
  - ・（水平）なところに置く。
  - ・液をやや（少なめ）に入れる。
  - ・（スポイト）で，計り取る体積まで液を加える。
- ○目もりの読み方
  - ・（真横）から読む。
  - ・液面の（へこん）だ（下の面）の目もりを読む。
- ※使うときは，たおれないように，かた手で下の方をおさえましょう
- 使わないときは，トレーの中に，横にして置きます

第二次 第1時 ワークシート③「水に溶けた食塩の重さ」

目標 水に食塩が溶けて見えなくなると重さに変化があるか考え、実験して確かめることができる。

準備物
- □食塩 □フタ付き容器 □電子天秤
- □薬包紙 □薬さじ

授業の流れ

食塩が水に溶けて見えなくなると、重さが変わるか話し合う。

電子天秤で、食塩の重さを計り取る方法を知る。

③重さに変化があるか、実験して確かめる。

指導のポイント

- 本時は、第1時で話し合ったことを、改めて予想してから、実験して確かめます。
- 薬さじの扱い方に慣れると、1発で1gちょうどを計り取れる子どもが出てきます。
- 食塩以外を電子天秤に載せ、0設定ボタンを押します。
- 10gの食塩を完全に溶かしてから計量すると、10gを表示します。
- 重さが10g増えたということで、粒が見えなくなっても食塩の重さがなくなることなく存在することを、視覚的に確認できます。
- 電子天秤は、0.1gまで計れるタイプの方がよいでしょう。

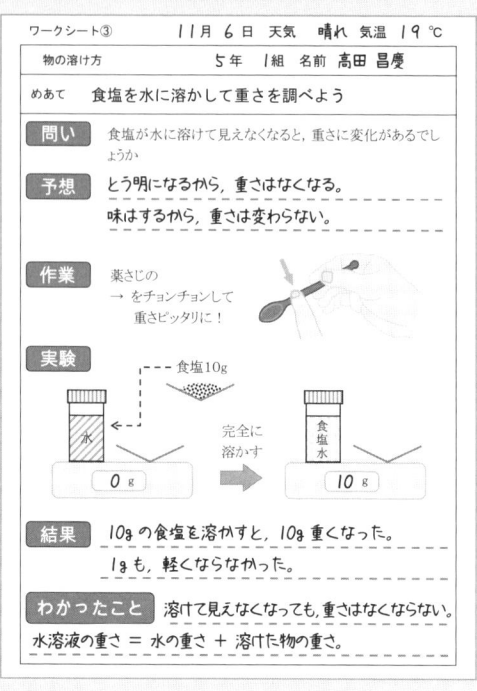

第三次 第1時 ワークシート④「物が溶ける量の限界1」

目標 一定量の水に食塩やミョウバンを溶かし、溶ける量に限界があるか調べることができる。

準備物
- □食塩 □ミョウバン
- □電子天秤 □200mLビーカー
- □ガラス棒

授業の流れ

食塩やミョウバンが水に溶ける量に、限界があるかどうか話し合う。

食塩を水50mLに溶かして、溶ける量に限界があるか調べる。

③ミョウバンを水50mLに溶かして、溶ける量に限界があるか調べる。

指導のポイント

- 食塩などが、限りなく溶けるだろうと考えている子どもの割合は少なくありません。
- 1班4人の場合、隣同士をペアにします。
- 食塩10g 水50mLでAチームがスタート。完全に溶けるまで撹拌させます。
- その後、電子天秤で1gずつ追加し、溶けたら報告させます。一人50回ペアで2交代＝200回撹拌しても溶け残ったら、ギブアップ報告させます。
- Bチームは、ミョウバン1g 水50mLでスタートし、同様に実験を進めます。
- 同様に、ギブアップ報告させます。

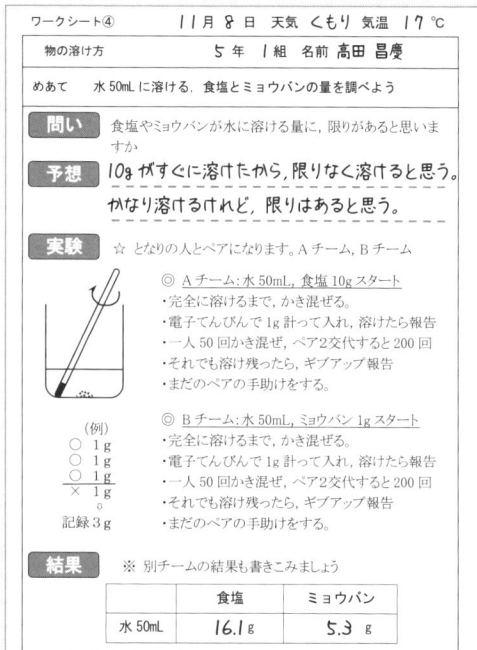

解説とワークシートの解答

第三次 第2時 ワークシート⑤「物が溶ける量の限界2」

目標 水の量を増やすと，食塩やミョウバンが溶ける量が，どのように変化するか調べることができる。

準備物
- □食塩　□ミョウバン
- □電子天秤　□200mLビーカー
- □ガラス棒

授業の流れ

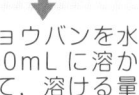

① 水の量を増やすと，食塩やミョウバンが溶ける量に変化があるか話し合う。

② 食塩を水100mLに溶かして，溶ける量がどうなるか調べる。

③ ミョウバンを水100mLに溶かして，溶ける量がどうなるか調べる。

指導のポイント

- できれば，2時間続きで実験させます。
- 水100mL実験では，食塩チームとミョウバンチームを交代させます。溶け方の違いを体感させるためです。
- 撹拌する回数を指定しないと，時間がかかっても溶かすことに執着しがちです。
- 対照実験なので，撹拌回数を守る必要性を理解させます。
- 電子天秤が空いていたら，撹拌していない子どもが次の1gを計量するなど，無駄な時間を取らないよう指示します。
- 遅れ気味のチームは多めに溶かして，追いつかせます。

ワークシート⑤　11月10日　天気 晴れ　気温 17℃

物の溶け方　5年　1組　名前 高田 昌慶

めあて 水の量を増やして，食塩とミョウバンの溶ける量を調べよう

問い 水の量を増やすと，食塩やミョウバンが溶ける量に，どのような変化があると思いますか

予想 水の量が2倍になったら，溶ける量も2倍になると思う。

実験 ☆ AチームとBチームで，溶かすものを交代します

◎ Aチーム：水 100mL，ミョウバン 8g スタート
- 完全に溶けるまで，かき混ぜる。
- 計り方，溶かし方，ギブアップ報告は，50mLのときと同じようにする。

◎ Bチーム：水 100mL，食塩 28g スタート
- 完全に溶けるまで，かき混ぜる。
- 計り方，溶かし方，ギブアップ報告は，50mLのときと同じようにする。

結果　※別チームの結果も書きこみましょう

	食塩	ミョウバン
水 50mL	16.1 g	5.3 g
水 100mL	33.3 g	9.7 g

わかったこと 一定量の水に溶ける物の量には限りがある。
溶かす物によって，溶ける量はちがう。
水の量を増やすと，溶ける量も増える。

第三次 第3時 ワークシート⑥「物が溶ける量の限界3」

目標 水の温度を上げると，食塩が溶ける量が，どのように変化するか調べることができる。

準備物
- □食塩　□電子天秤
- □200mLビーカー　□ガラス棒
- □ウォーターバス　□電子温度計

授業の流れ

① 水の温度を上げると，食塩やミョウバンが溶ける量に変化があるか話し合う。

② 水の温度を30℃に上げて，食塩が水50mLに溶ける量を調べる。

③ 水の温度を60℃に上げて，食塩が水50mLに溶ける量を調べる。

指導のポイント

- 本時も，2時間続きで実験させます。
- 熱い紅茶に溶ける砂糖の様子などを見ていて，水温が上がると溶けやすくなるという認識があるようです。
- それだけに，熱湯でも食塩が溶ける量に変化がほとんどないことに驚くことでしょう。
- 半数の班には30℃で，もう半数の班には60℃で溶ける量の限界を調べさせます。
- 水温調整は，ウォーターバスを使うことをオススメします。
- 水温は，ウォーターバスに入れて温めているビーカー内の水温を，電子温度計でチェックさせます。

ワークシート⑥　11月13日　天気 晴れ　気温 18℃

物の溶け方　5年　1組　名前 高田 昌慶

めあて 水の温度を上げて，食塩の溶ける量を調べよう

問い 水の温度を上げると，食塩やミョウバンが溶ける量に，どのような変化があると思いますか

予想 熱い紅茶に，砂糖がすぐ溶けたから，ふえると思う。
前に限界まで溶かしたから，変化はないと思う。

実験 ☆ となりの人とペアになります。Aチーム，Bチーム

◎ Aチーム：水 50mL，水温 30℃（30〜35℃）食塩 14g スタート
- 完全に溶けるまで，かき混ぜる。
- 電子てんびんで1g計って入れ，溶けたら報告
- 一人 50回かき混ぜ，ペア2交代すると200回
- それでも溶け残ったら，ギブアップ報告
- まだのチームの手助けをする。

◎ Bチーム：水 50mL，水温 60℃（60〜65℃）食塩 14g スタート
- 完全に溶けるまで，かき混ぜる。
- 計り方，溶かし方，ギブアップ報告は，Aチームと同じようにする。

結果　※別チームの結果も書きこみましょう

水 50mL	30℃	60℃
食塩	16.3 g	16.7 g

5 物の溶け方　解説とワークシートの解答

第三次 第4時 ワークシート⑦ 「物が溶ける量の限界4」

目標 水の温度を上げると，ミョウバンが溶ける量が，どのように変化するか調べることができる。

準備物
- □食塩　□電子天秤　□200mLビーカー
- □ガラス棒　□ウォーターバス
- □電子温度計

授業の流れ

① 水の温度を30℃に上げて，ミョウバンが水50mLに溶ける量を調べる。

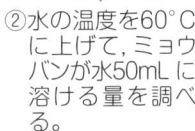

② 水の温度を60℃に上げて，ミョウバンが水50mLに溶ける量を調べる。

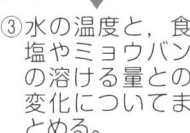

③ 水の温度と，食塩やミョウバンの溶ける量との変化についてまとめる。

指導のポイント

- 本時はミョウバン実験なので，チームを交代させ，30℃チームはギブの後，60℃チームに合流させます。
- ミョウバンについても，溶ける量が増えないのではと予想する子どもが多い中，再び意外な結果に，子どもは混乱するかもしれません。
- 30℃では溶ける量が少し増える程度ですが，高温では急激に溶ける量が増えます。
- 水温のばらつきが結果のばらつきに繋がるかもしれません。
- 実験後は，ビーカーにラップをして静置し，次時に扱う結晶析出を待ちます。

ワークシート⑦

11月15日　天気 晴れ　気温 16℃
物の溶け方　5年 1組 名前 髙田 昌慶

めあて 水の温度を上げて，ミョウバンの溶ける量を調べよう

問い 水の温度を上げても，食塩が溶ける量は，あまり変化しませんでした。ミョウバンはどうなると思いますか

予想 同じような白いつぶだから，溶ける量はふえないと思う。やはり限界まで溶かしたから，変化はないと思う。

実験 ☆AチームとBチームで，溶かす温度を交代します
◎ Aチーム：水 50mL，水温60℃(60〜65℃)，ミョウバン 4g スタート
・計り方，溶かし方，ギブアップ報告は，これまでと同じようにする。
・まだのチームの手助けをする。
◎ Bチーム：水 50mL，水温30℃(30〜35℃)，ミョウバン 4g スタート
・計り方，溶かし方，ギブアップ報告は，これまでと同じようにする。
・まだのチームの手助けをする。

結果 ※別チームの結果も書きこみましょう

水 50mL	20℃	30℃	60℃
食塩	16.1g	16.3g	16.7g
ミョウバン	5.0g	7.7g	29.0g

わかったこと 水の温度を上げると，ミョウバンは，溶ける量が増える。食塩は，溶ける量がほとんど変わらない。

第四次 第1時 ワークシート⑧ 「ミョウバンの濾過」

目標 濾過の意味を知り，器具を正しく使って，析出したミョウバンを濾過することができる。

準備物
- □濾過セット
- □食紅　□前時のミョウバン

授業の流れ

① 濾過の意味を知り，器具の名前や扱い方を知る。

② 一人ずつ，水だけで濾過の操作を練習する。

③ 班で協力して，析出したミョウバンを濾過する。

指導のポイント

- 前時に静置したミョウバンのビーカーの底には，綺麗な結晶が析出しています。子どもは「宝石みたい」と喜びます。
- 濾過は初めての体験なので，まずは濾過の意味を知らせ，濾過の仕方に慣れさせます。
- 演示では，視認性の高い赤色水を使うとよいでしょう。
- ミョウバンの濾過は一発勝負なので，粒なしのWater濾過で，役割分担しながら，2回は練習させましょう。
- 濾過セットの置き場所は固定しておき，子どもが場所を交代して濾過の練習をします。
- ガラス棒の角度などを，互いにアドバイスするよう指示します。

ワークシート⑧

11月17日　天気 晴れ　気温 14℃
物の溶け方　5年 1組 名前 髙田 昌慶

めあて ろ過のしかたをマスターしよう

ポイント ◎ろ過 =（ろ紙）で（こし）て（固体）と（液体）を分けること
・ろ紙，ろうと，ろうと台，ガラスぼう，ピペット，ビーカー

実験 ○水の温度が下がると，ミョウバンを溶かした液から，つぶがたくさん現れてきました。これを，ろ過しましょう。

① （ろ紙）を2回折って1/4円に
② 1まい対3まいに広げる
③ 少量の（水）で（ろうと）にピッタリつける
④ ろうとの（とがった先）をビーカーのかべに
⑤ ガラスぼうに（伝わらせ）てそそぐ
⑥ ろ紙が（重なった部分）にガラスぼうを当てる

注意 ○ガラス棒で，ろ紙の底をつきやぶらない。
○残ったつぶは，（ピペット）で吸い取った，下に落ちた液（ろ液）で，きれいにあらい落とす。

わかったこと ミョウバンの結晶はきれいだった。つぶをぜんぶろ過するのがたいへんだった。下の液は，水ではない。

第四次 第2時 ワークシート⑨ 「濾液の冷却・蒸発1」

目標 濾液の中にミョウバンや食塩が溶けているか考え，冷却したり蒸発させたりして，確かめることができる。

準備物
- □ミョウバン・食塩の濾液
- □ペトリ皿　□スライドガラス
- □冷蔵庫　□電熱器

授業の流れ
①濾液の中にミョウバンや食塩が溶けているか考え，話し合う。
↓
②濾液を冷やして調べる。
↓
③濾液を加熱して調べる。

指導のポイント
- 食塩は，水温が下がっても粒がほとんど現れないので，濾過実験はさせません。
- 時間短縮のため，食塩の濾過や冷蔵庫での冷却は，教師が事前に準備しておきます。
- 析出した結晶は，虫めがねや双眼実体顕微鏡で観察させると喜ばれます。
- それぞれの結晶の形に特徴があることに気づくことでしょう。
- 加熱・蒸発は，電熱器を使えば個人実験にできます。
- やけどしないよう，スライドガラスの持ち方や保持する高さを指導しておきます。

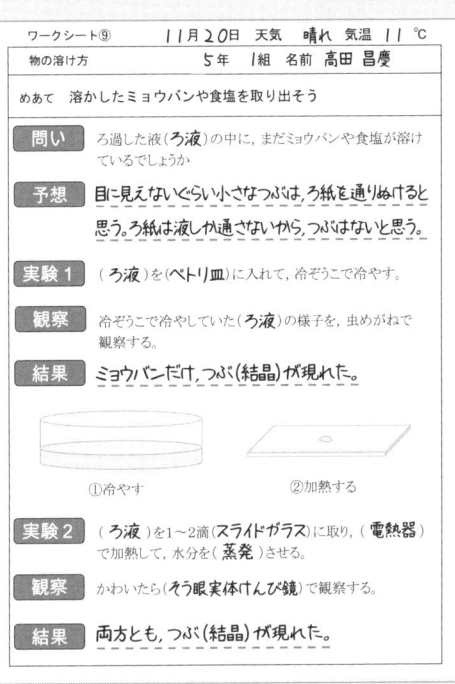

第四次 第3時 ワークシート⑩ 「濾液の冷却・蒸発2」

目標 ミョウバンや食塩を冷却・加熱した結果を，表やグラフにまとめ，それぞれの特徴をまとめることができる。

準備物
- □析出したミョウバンや食塩の粒

授業の流れ
①実験結果を，表にまとめて，共通点や違いを確かめる。
↓
②実験結果を，グラフにして，違いを確かめる。
↓
③グラフから，冷却すると何gの粒が現れるかを理解する。

指導のポイント
- 前時の実験結果を表にまとめて比較させると，粒を取り出すのに有効な方法が分かります。
- ミョウバンは冷却すると多く取り出せますが，蒸発させる方法も有効であることを確認しておきます。
- 冷却すると析出する粒の量は，グラフを見ても，理解しづらいようです。
- 析出する量に色を塗り，視覚的に分かりやすくします。
- また，数字を変えて，粒が何g現れるかと，子ども同士で問題を出し合いましょう。
- 身近な砂糖はどちらのタイプか問い，熱い湯にいくらでも溶ける様子を見せましょう。

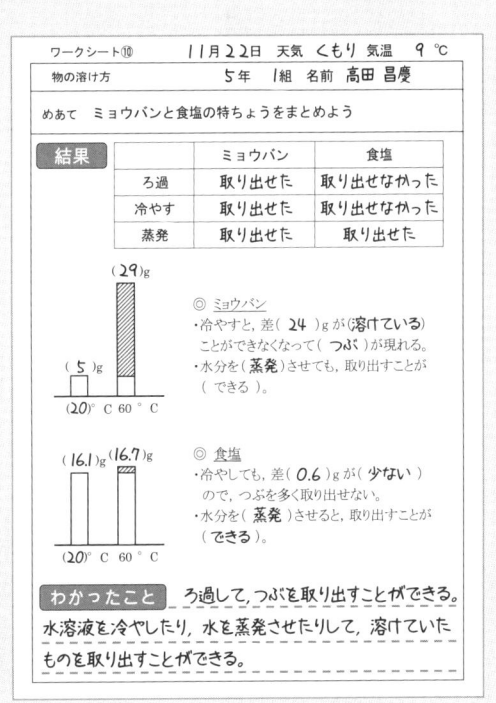

5 物の溶け方

ポイント解説

指導のアイデアとコツ

薬さじで計量

教科書によっては，小さじすりきり1杯で計量しています。しかし，それではアバウト過ぎます。5年生でも0.1g秤量が可能です。

右図のように，右手の指3本で薬さじを保持します。塩1gを計り取るとします。計りたい量より少し多めに塩を薬包紙に取ります。少しくって1gより軽くしたら準備完了。薬さじの首近くを指先でチョンチョンします。すると，振動で少しずつ粒が落ちていくので，1.0gを正しく計り取ることができます。水を入れて攪拌している間に，手が空いた子どもが，次の1.0gを計って準備しておくようにさせると，時間のロスがなくなります。

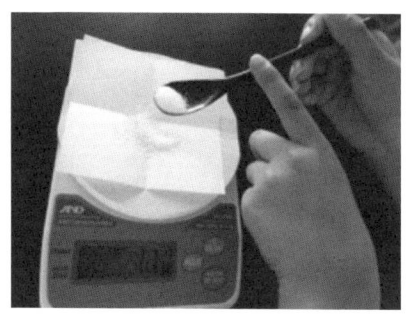

湯煎はウォーターバスで

以前，水温管理は，発泡スチロール箱とポットの熱湯で行っていました。水温が下がるとポットの湯を足すのですが，その作業が面倒ですし，ポットの数も班の数だけ必要です。

備品でウォーターバスを購入してからは，湯を足す作業から解放されました。サーモスタットがついているので，水温管理がしやすくなりました。ただし，目盛りと実際の水温にズレがあるので，電子温度計で水温を確認しながらの作業になります。また，水温は，ビーカー内の温度を計らせるようにしてください。

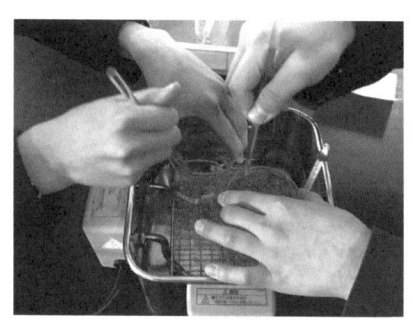

ウォーターバスは，4年の「空気や水の温度と体積」の実験にも使えるので，重宝しています。

塩化アンモニウムの結晶析出

ミョウバンの大きな結晶を見せると，子どもの目は輝きます。そして，自分でも作ってみたいと思うでしょう。しかし，美しくて大きな結晶を作るのは至難の技です。水温を管理しながら，徐々に水温を下げていく必要があるからです。また，モールにびっしりミョウバンの小さな結晶をくっつける実験は，あまり美しくありません。

そこで，誰でも感動的に結晶が生まれ大きくなりながら積もっていく様子を楽しめる，塩化アンモニウムの実験をお勧めします。

使うのは，塩化アンモニウム（1級試薬）です。液温が40℃ぐらいで結晶が析出し始める水

溶液づくりのレシピは，次の通りです。水130mLに塩化アンモニウム60gを入れ，約50℃まで加熱して完全に溶かします。それを試験管6本に取り分けます。フタとして水風船をかぶせ，試験管立てで静置します。

　できれば1人1本，少なくても2人に1本与えて，虫めがねでじっくり観察させます。水温が40℃以下になると，何もないところにフッと小さな粒が現れます。小さな☆のような形になり，どんどん大きくなりながら，結晶が下に降り積もっていきます。

　中には上に上がっていく結晶があるので，子どもは不思議がることでしょう。液体から固体になる時，凝固熱が発生します。水温が上がり，軽くなった部分が上へと上がる流れができます。その流れに結晶が乗るので，下から上へと湧き上がるような結晶の動きが見られるのです。

　もう一つの楽しみは，水面直下で下向きに成長していく，針葉樹のような結晶です。小さな子どもには，これを「故郷の森」だと教え，生まれた☆（結晶）の中には，途中で「故郷の森」に帰って元気をもらい，また下へ旅をするものもあるよと話してあげます。これは，室温が比較的低い場合，空気と触れ合っている部分が比較的早く水温が低下して結晶が析出し，そのまま大きく育っていくからです。大きくなると重くなり，わずかな振動で落ちてしまうので要注意です。

　☆が降り積もり終わったら，再び加熱することで，何度もこの魅惑的な実験を繰り返し楽しむことができます。加熱し直す場合，水温が50℃以上に上がらないようにします。水温が上がり過ぎると，冷めるのに時間がかかります。急冷すると，☆どころか一気に豪雪となって，美しさを楽しめません。

　右のように，スクリューネジ管に塩化アンモニウムの水溶液を封入してしまえば，何度でも繰り返し使えます。口には，水漏れ防止のために，シールテープを巻きます。また，試験管立てに立てていると，美しい結晶の姿のジャマになります。逆さにして，ピンチで挟んで保持するとよいでしょう。

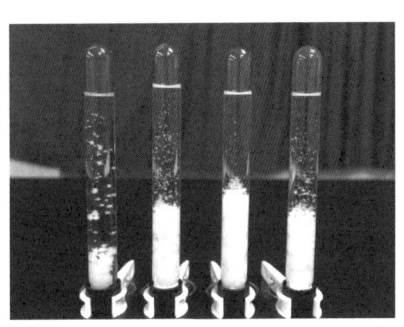

　詳しくは「塩化アンモニウムの，星が生まれる！降り積もる‼」をご覧ください。（http://www.proto-ex.com/data/862.html）

ワークシート①　　　　　月　　日　天気　　　　気温　　　　℃

| 物の溶け方 | 年　　組　名前 |

めあて　水に溶けていく食塩の様子を観察しよう

実験1　ペットボトルの水に溶けていく食塩のつぶを観察しよう

観察　------------------------

※食塩が溶けていく様子を絵にかきましょう

実験2　食塩の（　　　　　　）を観察しよう。

観察　------------------------

※食塩が溶けていく様子を絵にかきましょう

問い　溶けた食塩は，どうなったと思いますか

予想　------------------------

わかったこと　------------------------

ワークシート②　　　　月　　日　天気　　　　気温　　　℃

| 物の溶け方 | 年　　組　名前 |

めあて　水溶液の特ちょうを調べよう
　　　　メスシリンダーの使い方をマスターしよう

ポイント

◎水溶液＝（　　）に物が溶けて（　　　）に広がり
　（　　　　　）いる液体。

※水溶液に○を
　つけましょう

・赤や青など色がついていても，（　　　）なら ○
　にごっていたら（　　）
・時間がたっても，底に（　　　　）ない。

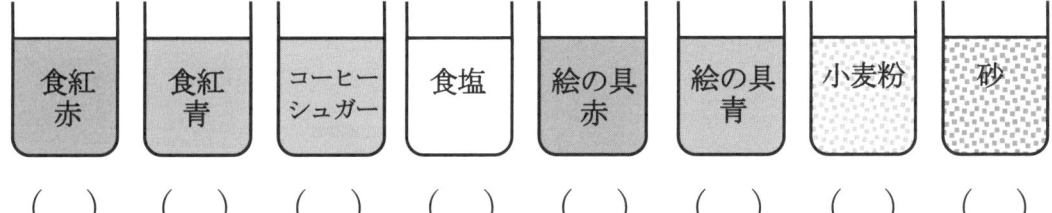

| 食紅赤 | 食紅青 | コーヒーシュガー | 食塩 | 絵の具赤 | 絵の具青 | 小麦粉 | 砂 |

（　）（　）（　）（　）（　）（　）（　）（　）

ポイント

◎メスシリンダー＝（　　　）の体積を（　　　）に
　　　　　　　　　はかり取るための器具

・メス＝（　　　），シリンダー＝（　　　　　）
・オスシリンダーは（　　　）。

○計り方
・（　　　）なところに置く。
・液をやや（　　　）に入れる。
・（　　　　）で，計り取る体積まで液を加える。

○目もりの読み方
・（　　　）から読む。
・液面の（　　　）だ（　　　）の目もりを読む。

※使うときは，たおれないように，かた手で下の方をおさえましょう
　使わないときは，トレーの中に，横にして置きます

| ワークシート③ | 月　日　天気　　　気温　　℃ |

| 物の溶け方 | 年　組　名前 |

| めあて | 食塩を水に溶かして重さを調べよう |

問い　食塩が水に溶けて見えなくなると，重さに変化があるでしょうか

予想

作業　薬さじの
　　　→ をチョンチョンして
　　　　重さピッタリに！

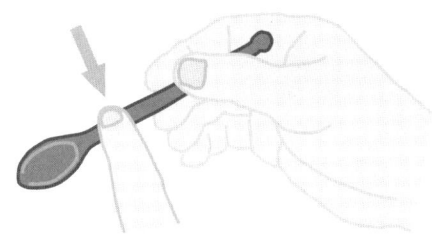

実験

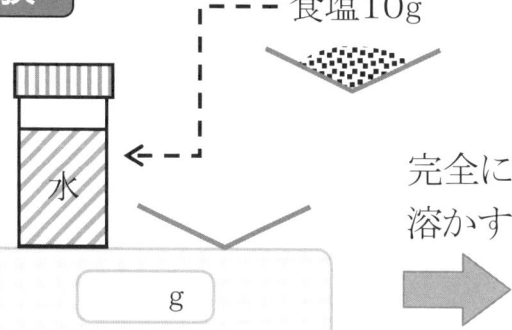

完全に
溶かす

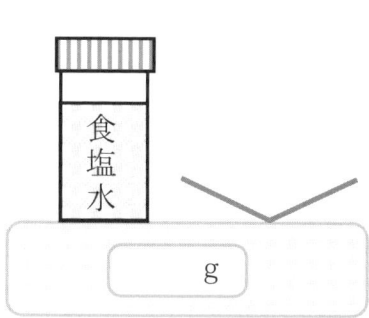

結果

わかったこと

ワークシート④ 　　　　　月　　日　天気　　　　　気温　　　　℃

| 物の溶け方 | 年　　組　名前 |

めあて　　水 50mL に溶ける，食塩とミョウバンの量を調べよう

問い　食塩やミョウバンが水に溶ける量に，限りがあると思いますか

予想　
- -

- -

実験　☆　となりの人とペアになります。Aチーム，Bチーム

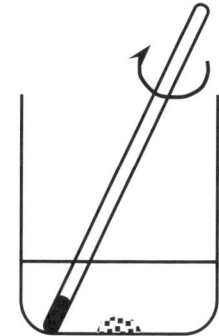

◎　<u>Aチーム：水 50mL，食塩 10g スタート</u>
- 完全に溶けるまで，かき混ぜる。
- 電子てんびんで 1g 計って入れ，溶けたら報告
- 一人 50 回かき混ぜ，ペア2交代すると 200 回
- それでも溶け残ったら，ギブアップ報告
- まだのペアの手助けをする。

◎　<u>Bチーム：水 50mL，ミョウバン 1g スタート</u>
- 完全に溶けるまで，かき混ぜる。
- 電子てんびんで 1g 計って入れ，溶けたら報告
- 一人 50 回かき混ぜ，ペア2交代すると 200 回
- それでも溶け残ったら，ギブアップ報告
- まだのペアの手助けをする。

（例）
○　1g
○　1g
○　1g
×　1g
⇩
記録 3g

結果　※　別チームの結果も書きこみましょう

	食塩	ミョウバン
水 50mL	g	g

ワークシート⑤　　　　　月　　日　天気　　　　気温　　　℃

| 物の溶け方 | 年　　組　名前 |

めあて　水の量を増やして，食塩とミョウバンの溶ける量を調べよう

問い　水の量を増やすと，食塩やミョウバンが溶ける量に，どのような変化があると思いますか

予想

実験

☆ AチームとBチームで，溶かすものを交代します

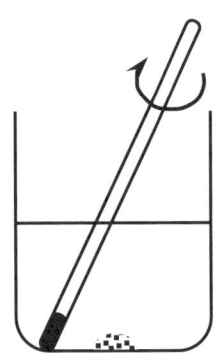

◎ Aチーム：水100mL，ミョウバン8gスタート
・完全に溶けるまで，かき混ぜる。
・計り方，溶かし方，ギブアップ報告は，50mLのときと同じようにする。

◎ Bチーム：水100mL，食塩28gスタート
・完全に溶けるまで，かき混ぜる。
・計り方，溶かし方，ギブアップ報告は，50mLのときと同じようにする。

結果　※ 別チームの結果も書きこみましょう

	食塩	ミョウバン
水 50mL	g	g
水 100mL	g	g

わかったこと

ワークシート⑥　　　月　日　天気　　　気温　　　℃

| 物の溶け方 | 年　組　名前 |

めあて　水の温度を上げて，食塩の溶ける量を調べよう

問い　水の温度を上げると，食塩やミョウバンが溶ける量に，どのような変化があると思いますか

予想

実験　☆ となりの人とペアになります。Aチーム，Bチーム

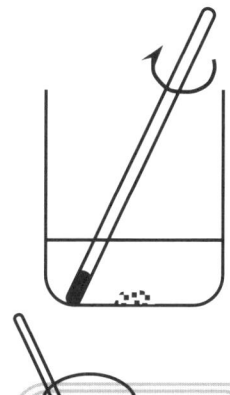

◎ Aチーム：水50mL，水温30℃（30～35℃）
　食塩14gスタート
・完全に溶けるまで，かき混ぜる。
・電子てんびんで1g計って入れ，溶けたら報告
・一人50回かき混ぜ，ペア2交代すると200回
・それでも溶け残ったら，ギブアップ報告
・まだのチームの手助けをする。

◎ Bチーム：水50mL，水温60℃（60～65℃）
　食塩14gスタート
・完全に溶けるまで，かき混ぜる。
・計り方，溶かし方，ギブアップ報告は，Aチームと同じようにする。

結果　※ 別チームの結果も書きこみましょう

水50mL	30℃	60℃
食塩	g	g

ワークシート⑦	月　日　天気　　　気温　　　℃
物の溶け方	年　組　名前

めあて　　水の温度を上げて，ミョウバンの溶ける量を調べよう

問い　水の温度を上げても，食塩が溶ける量は，あまり変化しませんでした。ミョウバンはどうなると思いますか

予想

実験　☆ AチームとBチームで，溶かす温度を交代します

◎ Aチーム：水50mL，水温60℃（60〜65℃），ミョウバン4gスタート
・計り方，溶かし方，ギブアップ報告は，これまでと同じようにする。
・まだのチームの手助けをする。

◎ Bチーム：水50mL，水温30℃（30〜35℃），ミョウバン4gスタート
・計り方，溶かし方，ギブアップ報告は，これまでと同じようにする。
・まだのチームの手助けをする。

結果　※ 別チームの結果も書きこみましょう

水50mL	20℃	30℃	60℃
食塩			
ミョウバン			

わかったこと

ワークシート⑧　　　　月　日　天気　　　　気温　　　℃

物の溶け方　　　　　　　　年　組　名前

めあて　ろ過のしかたをマスターしよう

ポイント

◎ろ過 ＝ （　　　）で（　　　）て
　　　　（　　　）と（　　　）を分けること
・ろ紙, ろうと, ろうと台, ガラスぼう, ピペット, ビーカー

実験

○水の温度が下がると, ミョウバンを溶かした液から, つぶがたくさん現れてきました。これを, ろ過しましょう。

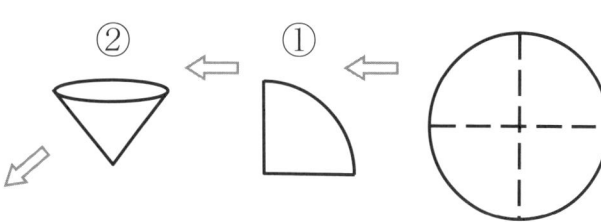

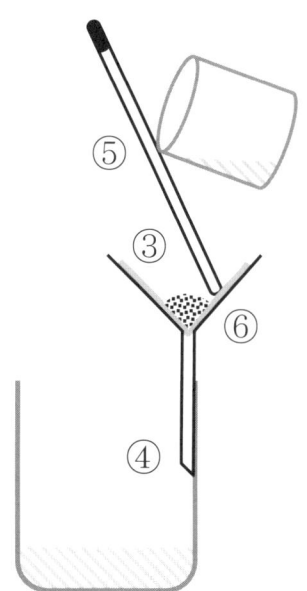

①（　　　）を2回折って1/4円に
②1まい対3まいで広げる
③少量の（　　　）で（　　　）にピッタリつける
④ろうとの（　　　　　）をビーカーのかべに
⑤ガラスぼうに（　　　　）てそそぐ
⑥ろ紙が（　　　　　　）にガラスぼうを当てる

注意

○ガラス棒で, ろ紙の底をつきやぶらない。
○残ったつぶは, （　　　　　）で吸い取った, 下に落ちた液（　　　）で, きれいにあらい落とす。

わかったこと

ワークシート⑨	月　日　天気　　　　気温　　　℃
物の溶け方	年　組　名前

めあて　溶かしたミョウバンや食塩を取り出そう

問い　ろ過した液（　　　）の中に，まだミョウバンや食塩が溶けているでしょうか

予想　_____

実験1　（　　　）を（　　　　　）に入れて，冷ぞうこで冷やす。

観察　冷ぞうこで冷やしていた（　　　　）の様子を，虫めがねで観察する。

結果　_____

①冷やす　　　　　　　　　②加熱する

実験2　（　　　　）を1〜2滴（　　　　　　）に取り，（　　　　　）で加熱して，水分を（　　　　）させる。

観察　かわいたら（　　　　　　　　　　）で観察する。

結果　_____

| ワークシート⑩ | 月　日　天気　　　気温　　　℃ |
| 物の溶け方 | 年　　組　名前 |

めあて　ミョウバンと食塩の特ちょうをまとめよう

結果

	ミョウバン	食塩
ろ過		
冷やす		
蒸発		

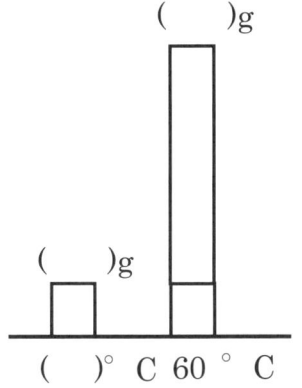

◎ ミョウバン
・冷やすと，差(　　　)g が(　　　　　)
　ことができなくなって(　　　)が現れる。
・水分を(　　　)させても，取り出すことが
　(できる)。

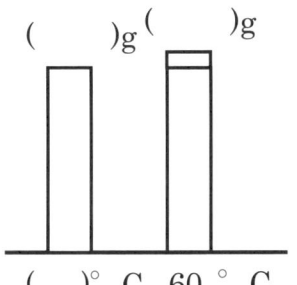

◎ 食塩
・冷やしても，差(　　　)g が(　　　　　)
　ので，つぶを多く取り出せない。
・水分を(　　　)させると，取り出すことが
　(　　　)。

わかったこと

___
___
___

6 電流がつくる磁力

本単元では,電流の強さ,コイルの巻き数という条件を制御しながら,電磁石の強さを調べていきます。しかし,50回,100回巻きの電磁石では,有用性を感じられるだけの磁力は発生しません。そこで,家電製品や,リフティング・マグネット付きパワーショベル,リニアモーターカーなどの動画を見せて,学ぶ意欲を高めさせます。その上で,電流を流しているときにだけ磁力が発生することを,電磁石を自作して確かめます。磁石と同じように,極が発生し,電流の向きが変わると極も変わることも確かめます。

育成する資質・能力

【知識及び技能】

電磁石に電流を流すと磁力が発生し,電流の向きで極が変わること,電磁石の強さは電流の強さや導線の巻数によって変わることを理解する。

【思考力,判断力,表現力等】

電流がつくる磁力について追究する中で,電流がつくる磁力の強さに関係する条件についての予想や仮説を基に,解決の方法を発想し,表現する。

【学びに向かう力,人間性等】

主に予想や仮説を基に,解決の方法を発想する力や主体的に問題解決しようとする態度を育成する。

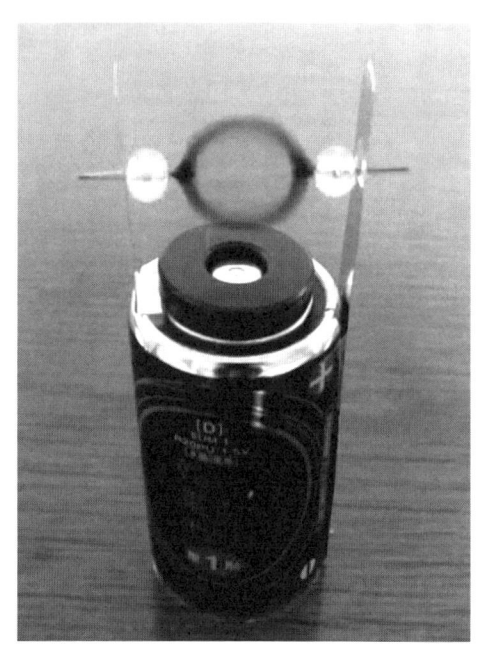

単元の構成 ※丸付数字はワークシートの番号

第一次 電磁石の働き
- 第1時 電磁石の有用性…①
- 第2時 電磁石の特徴…②
- 第3時 電磁石作り…③

第二次 電磁石の極の性質
- 第1時 電磁石のN極・S極…④

第三次 電磁石の強さ
- 第1時 電流計の使い方…⑤
- 第2時 電源装置の使い方…⑥
- 第3時 電磁石の強さと条件1…⑦
- 第4時 電磁石の強さと条件2…⑧

第四次 電磁石を使って
- 第1時 モーターの仕組み…⑨
- 第2時 シンプル・モーター…⑩

解説とワークシートの解答

第一次 第1時 ワークシート① 「電磁石の有用性」

目標 電磁石の基本的な性質を知り、それが組み込まれている家電や重機の様子を見ることで、その有用性を理解する。

準備物
- □家電の仕組み（絵）
- □分解した家電
- □重機（動画）

授業の流れ

①電磁石について知っていることを話し合う。
↓
②家電や重機で、電磁石がどのように役立っているか知る。
↓
③暮らしや仕事に欠かせない電磁石について、調べたいという意欲をもつ。

指導のポイント

- 電磁石は、家電だけでなく、ビル・工場・交通機関など、様々な場で使われています。しかし、子ども達は、その事実を認識していません。
- 電磁石について学びたい、調べたいという意欲を高めさせるために、分解した家電や重機の動画を見せます。
- リフティング・マグネット付き油圧ショベルの動画を見せれば、そのパワーに圧倒されるでしょう。
- オペレーターが電流をON/OFFして操作していることや、鉄だけを引きつけていることなど、電磁石の基本的な特徴が分かりやすい事例でもあります。

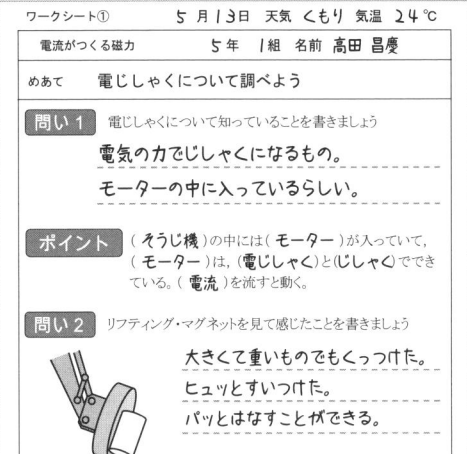

ワークシート① 5月13日 天気 くもり 気温 24℃
電流がつくる磁力　5年 1組 名前 高田 昌慶

めあて 電じしゃくについて調べよう

問い1 電じしゃくについて知っていることを書きましょう
　電気の力でじしゃくになるもの。
　モーターの中に入っているらしい。

ポイント （そうじ機）の中には（モーター）が入っていて、（モーター）は、（電じしゃく）と（じしゃく）でできている。（電流）を流すと動く。

問い2 リフティング・マグネットを見て感じたことを書きましょう
　大きくて重いものでもくっつけた。
　ヒュッとすいつけた。
　パッとはなすことができる。

わかったこと リフティング・マグネットの力は、とても強い。電流を流すと、じしゃくの力が発生し、電流を切ると、じしゃくの力がなくなる。電じしゃくは、じしゃくと同じで、鉄だけをくっつける。家電の中にはモーターが入っている。モーターは、電じしゃくとじしゃくでできている。

第一次 第2時 ワークシート② 「電磁石の特徴」

目標 電磁石で実験することで、電流を流すと磁力が発生し、電流を切ると磁力が消失することを、体感して理解する。

準備物
- □電磁石（教材）
- □強力電磁石

授業の流れ

①電磁石の仕組みを知る。
↓
②備品の強力電磁石を使って、引き合ったりぶら下がったりして、磁力を体感する。
↓
③スイッチを切ると磁力が消失することも、体感的に理解する。

指導のポイント

- 前時に知った電磁石について、コイルや鉄心などでできていることを教えます。
- 電流を流した導線1本を方位磁針に近づけて、磁力の発生を確認させます。
- 鉄心が磁力を増していることを、プラスチックとの対照実験で確認させます。
- 備品の強力電磁石を使って、3人一組で引っ張り合いをさせます。その内の1人はスイッチ係です。引き合ったままスイッチを切ることで、瞬間的に磁力が消失することを体感できます。
- 電磁石が外れたとき、勢いでケガをしないよう、十分注意しておきます。

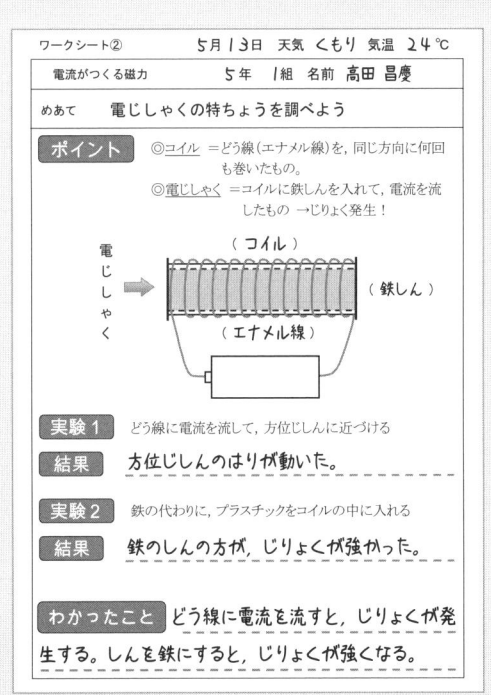

ワークシート② 5月13日 天気 くもり 気温 24℃
電流がつくる磁力　5年 1組 名前 高田 昌慶

めあて 電じしゃくの特ちょうを調べよう

ポイント
◎コイル＝どう線（エナメル線）を、同じ方向に何回も巻いたもの。
◎電じしゃく＝コイルに鉄しんを入れて、電流を流したもの →じりょく発生！

電じしゃく → （コイル）（鉄しん）（エナメル線）

実験1 どう線に電流を流して、方位じしんに近づける
結果 方位じしんのはりが動いた。

実験2 鉄の代わりに、プラスチックをコイルの中に入れる
結果 鉄のしんの方が、じりょくが強かった。

わかったこと どう線に電流を流すと、じりょくが発生する。しんを鉄にすると、じりょくが強くなる。

6　電流がつくる磁力　　解説とワークシートの解答

第一次 第3時 ワークシート③「電磁石作り」

目標 エナメル線をボビンに巻き，鉄心を入れて電磁石を作ることができる。

準備物
- □電磁石キット　□紙やすりの予備
- □虫めがね

授業の流れ

ビニール導線とエナメル線の扱い方について，コツや注意を聞く。

↓

②50回巻きのコイルを作り，鉄心を入れる。

↓

③電流を流して，磁力が発生することを確かめる。

指導のポイント
- いよいよエナメル線を自分で巻いて，電磁石を作らせます。
- エナメル線をうまく解くことが，最大の難関です。
- ２つの端のうち，引くとバネのように解けてくる方が正解です。
- 反対側を引っ張り出すと，絡んで全部ほどいてしまう必要があり，時間的に大きなロスになります。
- ダメかも？で手を止めることを，厳しく指導しておきます。
- 少し引き伸ばした程度なら，リカバリーが簡単だからです。
- 両端に黒っぽいエナメルが残っていないよう，虫めがねで確認させるとよいでしょう。

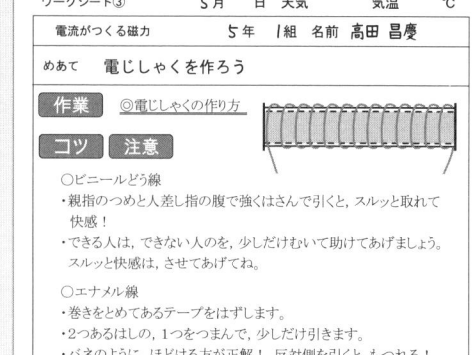

第二次 第1時 ワークシート④「電磁石のN極・S極」

目標 電流を流すと電磁石に極が発生することや，電流の向きが変わると極も変わることを，実験を通して確かめる。

準備物
- □電磁石キット
- □方位磁針

授業の流れ

①電磁石に極があるかどうか話し合う。

↓

②方位磁針で，電磁石の両端が何極になっているか確かめる。

↓

③電流の向きと電磁石の極との関係を調べる。

指導のポイント
- 電磁石にも極があることは予想するでしょうが，何極になっているのかは，実験しないと分かりません。
- 以前は，電流の向きとコイルを巻く向きで何極になるかまで指導していました。
- 方位磁針の数を揃え，２人一組実験にすると効果的です。
- まず，電池を入れないで，方位磁針の様子を確認させます。
- 次に，スイッチを入れた瞬間に，方位磁針の針が同じ方向を向くことと，電磁石の両端が何極になっているかを確かめさせます。
- 電池を反対に入れると，針が反対向きになり，極が反対になることを確認させます。

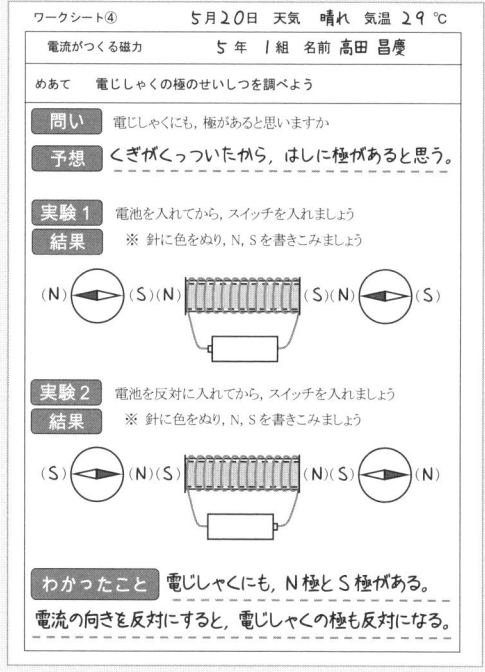

解説とワークシートの解答

第三次 第1時 ワークシート⑤ 「電流計の使い方」

目標 電流計の使い方を知り，回路につないで，電流の強さを調べることができる。

準備物
- □電磁石キット
- □電流計

授業の流れ

①電流計のつくりや，電流の強さの単位を知る。

↓

②マイナス端子へのつなぎ方など，電流計の使い方を知る。

↓

③電磁石の回路につないで，電流の強さを調べる。

指導のポイント

- 電流計は，4年で使った検流計とは，全く別物として指導する必要があります。
- 特に，マイナス端子のつなぎ方は，実際につなぎかえる場面はないでしょうが，丁寧に指導します。
- アンペアという電流の強さの単位も教えます。
- 最初に5Aにつなぎ，振れ方が小さかったら500mAに，まだ小さかったら50mAにと言われても，子どもは？？です。
- 5から500に増えて50に減るが理解できないので5A＝5000mAは必ず説明します。
- 回路に直列になるようにつなぐことも定着しにくいので，何度か押さえ直す必要があります。

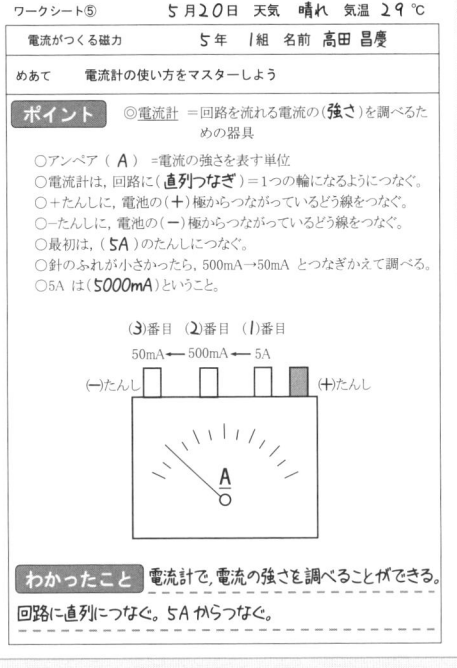

ワークシート⑤ 5月20日 天気 晴れ 気温 29℃
電流がつくる磁力 5年 1組 名前 高田 昌慶
めあて 電流計の使い方をマスターしよう

ポイント
◎電流計＝回路を流れる電流の（**強さ**）を調べるための器具
○アンペア（**A**）＝電流の強さを表す単位
○電流計は，回路に（**直列つなぎ**）＝1つの輪になるようにつなぐ。
○＋たんしに，電池の（＋）極からつながっているどう線をつなぐ。
○－たんしに，電池の（－）極からつながっているどう線をつなぐ。
○最初は，（**5A**）のたんしにつなぐ。
○針のふれが小さかったら，500mA→50mAとつなぎかえて調べる。
○5A は（**5000mA**）ということ。

（3）番目 （2）番目 （1）番目
50mA ← 500mA ← 5A
（－）たんし　　　　　（＋）たんし

わかったこと 電流計で，電流の強さを調べることができる。
回路に直列につなぐ。5Aからつなぐ。

第三次 第2時 ワークシート⑥ 「電源装置の使い方」

目標 電源装置を使う利点や使い方を理解し，回路につないで実験することができる。

準備物
- □電磁石キット
- □電源装置
- □電流計

授業の流れ

①電源装置の利点とつくりを知る。

↓

②端子への導線のつなぎ方など，電源装置の使い方を知る。

↓

③電磁石の回路につないで実験する。

指導のポイント

- 電流計より使う機会が少なく，メーカーによる仕様の違いがあるため，使い方に慣れにくい機器です。
- 教科書には電圧（V）は出てきませんが，乾電池が1.5V，コイン電池が3V，積層乾電池が9V，コンセントが100Vは，この機会に教えておきたいと考えます。
- 3年生でとりあえず教えるようにしていますが，6年生になっても，あやふやな子どもがいるようです。
- 過大電流で発熱する危険性があることを押さえます。
- 実験後にスイッチを切り忘れることがあるので，適宜，声かけをするようにします。

ワークシート⑥ 5月22日 天気 晴れ 気温 29℃
電流がつくる磁力 5年 1組 名前 高田 昌慶
めあて 電源そうちの使い方をマスターしよう

ポイント
◎電源そうち＝電流が，かん電池のように（**弱く**）ならない器具
○ボルト（V）＝電流をおし出す力の大きさを表す単位
○コンセント＝（**100**）V（ボルト）
○かん電池1個＝（**1.5**）V（ボルト）
○電源そうちは，回路に（**直列つなぎ**）＝1つの輪になるようにつなぐ。
×コイルが熱くなってやけどをするきけんがあるので，100回巻きは電池2個分，200回巻きも電池2個分の電流しか流さない！
○＋たんしに，電流計の（＋）たんしからつながっているどう線をつなぐ。
○－たんしに，電流計の（－）たんしの（**5A**）からつながっているどう線をつなぐ。

わかったこと 電源そうちを使えば，電流の強さが変わらないので，同じ条件で実験することができる。

6 電流がつくる磁力

解説とワークシートの解答

第三次 第3時 ワークシート⑦「電磁石の強さと条件1」

目標 電流の強さを変えると，電磁石の強さがどのように変化するか，対照実験をして確かめる。

準備物
- □電磁石キット
- □電源装置
- □電流計

授業の流れ

① 電流を強くすると，電磁石の強さが強くなるか考えて話し合う。

② 対照実験として，同じにする条件や回路の組み方などを確認する。

③ 電磁石の強さと電流の強さとの関係を，実験して確かめる。

指導のポイント

- 子どもは，電池の数を増やせば，磁力もアップすると予想するでしょう。
- 対照実験とする場合，同じにする条件としてコイルの巻き数は意外に出にくいです。
- エナメル線の長さはまず出ないので，教えてから，50mと100mで速さを競っても優劣は分からないなど，例をあげて説明します。
- 乾電池の消耗を考慮し，電源装置を使って実験します。
- 釘のぶらさげ方によって差が出るので，つけ方を共通理解させておきます。
- 電池1個の場合の電流値と釘の本数は，説明を兼ねた演示実験のデータを使います。

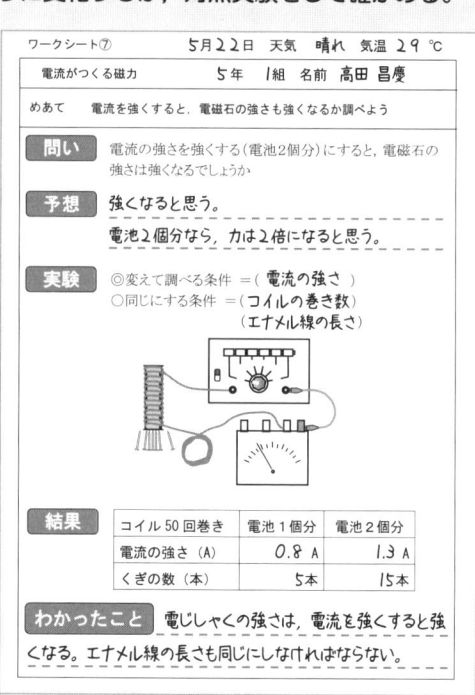

ワークシート⑦　5月22日 天気 晴れ 気温 29℃
電流がつくる磁力　5年 1組 名前 髙田 昌慶

めあて 電流を強くすると，電磁石の強さも強くなるか調べよう

問い 電流の強さを強くする（電池2個分）にすると，電磁石の強さは強くなるでしょうか

予想 強くなると思う。
電池2個分なら，力は2倍になると思う。

実験
◎変えて調べる条件 ＝（電流の強さ）
○同じにする条件 ＝（コイルの巻き数）
（エナメル線の長さ）

結果

コイル50回巻き	電池1個分	電池2個分
電流の強さ(A)	0.8 A	1.3 A
くぎの数(本)	5本	15本

わかったこと 電じしゃくの強さは，電流を強くすると強くなる。エナメル線の長さも同じにしなければならない。

第三次 第4時 ワークシート⑧「電磁石の強さと条件2」

目標 コイルの巻き数を変えると，電磁石の強さがどのように変化するか，対照実験をして確かめる。

準備物
- □電磁石キット
- □電源装置　□電流計

授業の流れ

① コイルの巻き数を多くすると，電磁石の強さが強くなるか考えて話し合う。

② 対照実験として，同じにする条件や回路の組み方などを確認する。

③ コイルの巻き数と電流の強さとの関係を，実験して確かめる。

指導のポイント

- コイルの巻き数実験で，電磁石の力強さを改めて実感させます。
- そのために，200回巻きを乾電池2個分の電流で実験させます。
- 班に1セットで協力して実験させますが，全員の持ち釘を合わせても足りない磁力に驚くことでしょう。
- 電源装置を使って実験しますが，50回巻きと200回巻きで，電流値が同じにならない場合があります。
- 電流計を外した方がよいかもしれません。
- 誰かが釘をつけたとき，バサッと落ちることがあります。落ちても，瞬間最多をデータにすることを明言しておきます。

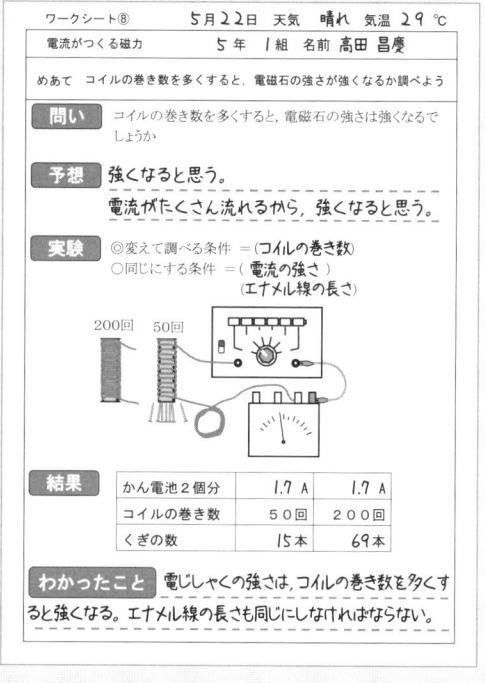

ワークシート⑧　5月22日 天気 晴れ 気温 29℃
電流がつくる磁力　5年 1組 名前 髙田 昌慶

めあて コイルの巻き数を多くすると，電磁石の強さが強くなるか調べよう

問い コイルの巻き数を多くすると，電磁石の強さは強くなるでしょうか

予想 強くなると思う。
電流がたくさん流れるから，強くなると思う。

実験
◎変えて調べる条件 ＝（コイルの巻き数）
○同じにする条件 ＝（電流の強さ）
（エナメル線の長さ）

結果

かん電池2個分		
	1.7 A	1.7 A
コイルの巻き数	50回	200回
くぎの数	15本	69本

わかったこと 電じしゃくの強さは，コイルの巻き数を多くすると強くなる。エナメル線の長さも同じにしなければならない。

解説とワークシートの解答

第四次 第1時 ワークシート⑨ 「モーターの仕組み」

目標 家庭や社会の中で活躍しているモーターの中に電磁石が入っていること,そして,モーターが回転する仕組みについて,実験して理解する。

準備物
- □モーターの回転説明器
- □電磁石キット

授業の流れ

① モーターを分解して,仕組みを知る。

↓

② 電磁石と永久磁石との関わりを確かめる。

↓

③ モーターを作り,回転するとき,しないときの,永久磁石の配置を調べる。

指導のポイント

- ●導入で扱った家電を動かすモーターの中に,電磁石が入っていることを,改めて振り返ります。
- ●工作用のモーターを分解し,中に7mものエナメル線が巻かれた電機子(電磁石)が入っていることを,実物を見せて説明します。
- ●電機子を包み込むように永久磁石が入っていることは,子どもにとっては意外です。
- ●その働きを詳しく説明しても,理解しにくいでしょう。
- ●モーターを分解して作った「モーターの回転説明器」を使い,感覚的に理解させます。
- ●モーターを自作する際,回転しない磁石の配置を体験させます。

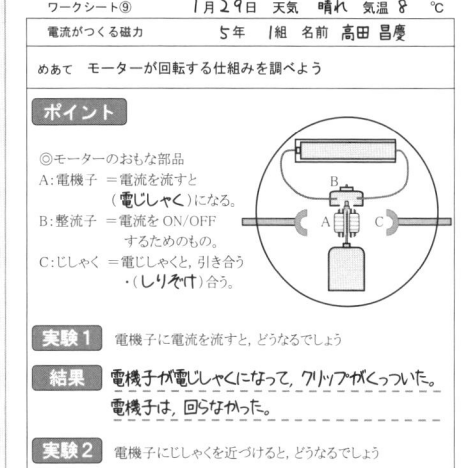

ワークシート⑨　1月29日　天気 晴れ　気温 8℃
電流がつくる磁力　5年1組　名前 高田昌慶

めあて　モーターが回転する仕組みを調べよう

ポイント
◎モーターのおもな部品
A:電機子 ＝電流を流すと(電じしゃく)になる。
B:整流子 ＝電流をON/OFFするためのもの。
C:じしゃく ＝電じしゃくと,引き合う・(しりぞけ)合う。

実験1 電機子に電流を流すと,どうなるでしょう
結果 電機子が電じしゃくになって,クリップがくっついた。電機子は,回らなかった。

実験2 電機子にじしゃくを近づけると,どうなるでしょう
結果 じしゃくを近づけると,電機子が回転した。

わかったこと モーターの中には,電じしゃくになるものが入っている。それだけでは,電流を流しても回らない。じしゃくを近づけると回る。できるだけ近づけると,回転スピードが速くなる。

第四次 第2時 ワークシート⑩ 「シンプル・モーター」

目標 最も簡単な仕組みのシンプル・モーターを回転させることで,磁石の近くで電流が流れると,ものが動くことを理解する。

準備物
- □電磁石キット
- □シンプル・モーターセット

授業の流れ

① モーターが回転するために必要なものは何だったか振り返る。

↓

② シンプル・モーターの仕組みを知る。

↓

③ 普通のモーターとシンプル・モーターを比べ,回転に必要な条件を調べる。

指導のポイント

- ●本単元の主目的は,電磁石の特徴や有用性を学ぶことです。
- ●しかし,モーターの回転に関しては,電磁石は必要な部品ではありません。
- ●中学校で学ぶ「フレミングの左手の法則」では,「電・磁・力」の3つが必要条件です。
- ●そこで,コイルでなくても,電流が磁石のそばを流れると力が発生し,回転させることができる事実を体感させます。
- ●シンプル・モーターが登場したときは,子どもより大人が目を輝かせました。
- ●シンプルな仕組みなのに,ギュンギュン高速回転する心地良さを味わわせましょう。

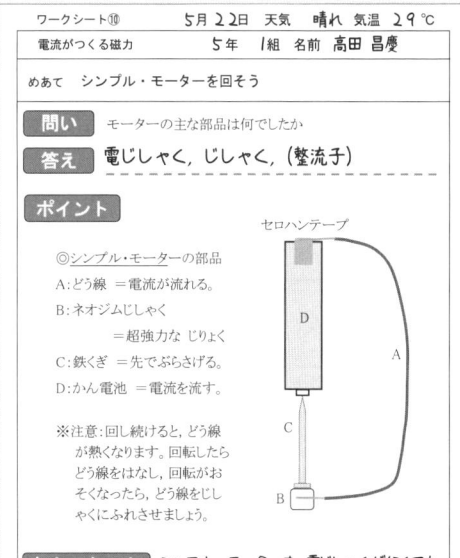

ワークシート⑩　5月22日　天気 晴れ　気温 29℃
電流がつくる磁力　5年1組　名前 高田昌慶

めあて　シンプル・モーターを回そう

問い モーターの主な部品は何でしたか
答え 電じしゃく,じしゃく,(整流子)

ポイント
◎シンプル・モーターの部品
A:どう線 ＝電流が流れる。
B:ネオジムじしゃく ＝超強力な じりょく
C:鉄くぎ ＝先でぶらさげる。
D:かん電池 ＝電流を流す。

※注意:回し続けると,どう線が熱くなります。回転したらどう線をはなし,回転がおそくなったら,どう線をじしゃくにふれさせましょう。

わかったこと シンプル・モーターは,電じしゃくがなくても回転する。どう線1本だけで,高速回転する。磁石が1個でも回転する。どう線が,じしゃくにふれて回路がとじると,電流が流れて回転する。

6 電流がつくる磁力

ポイント解説

指導のアイデアとコツ

マグチップの活用

キットの50回巻きや100回巻きの電磁石の磁力は、クリップや釘をぶら下げたのでは、弱々しく感じるでしょう。そこで、マグチップ（細く短い鉄線に亜鉛メッキを施したもの）を使います。右図は、電池1個、200回巻きの様子です。ごっそりつくので、子どもたちは目を見張ります。また、鉄粉とは違って簡単に取り除けるのも、利点の1つです。

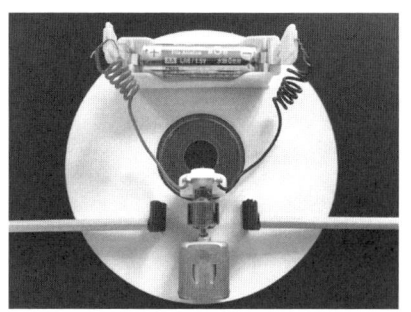

モーターの仕組み説明器

マブチモーターなどの本体の爪を起こして、電機子と整流子を取り外します。磁石は強いバネで固定されているので、気をつけて取り外してください。CDなど曲がらない板を台にして、部品を超強力両面テープで固定します。部品の並びが一直線になっていて、高さのズレもなければ、スムーズに回転します。磁石はカットした割り箸に固定してありますが、小さな棒磁石でもよいでしょう。組み方などは、以下を参考にしてください。

「モーターの仕組み実験器を作ろう」（ http://proto-ex.com/data/806.html ）

世界一簡単な電車

トンネルのようなコイルは、銅線を突っ張り棒に丁寧に巻きつけて作ります。本体の材料は、ネオジム磁石8個と単4乾電池です。マイナス極を前にし、先頭はN極にしてあります。後ろのプラス極の最後尾も、N極になるようにする必要があります。右下のように、前の磁石をコイルに入れて準備OK。後ろの磁石まで中に入れると、引っ張り込まれ、その勢いで、左上のように、外まで飛び出します。ネオジム磁石はニッケルコーティングしてあるので、銅線に触れると電流が流れます。そして、銅線自体にもN極・S極が発生します。

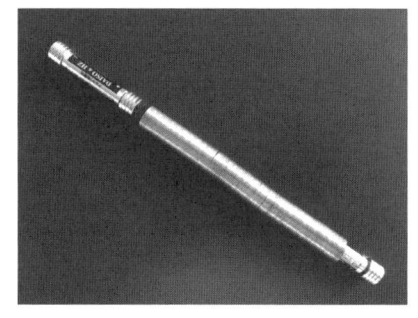

本体の磁石とN・Nで退け合い、N・Sで引き合って前進するという仕組みは、リニアモーターカーの仕組みと似ています。作り方は、以下を参考にしてください。

「電気モグラを走らせよう」（ http://proto-ex.com/data/774.html ）

ぴょんぴょんガエル

キットで50回巻きのコイルを作った場合，エナメル線が，かなり巻き残ります。対照実験として，200回巻きと導線の長さを同じにするためです。200回巻きのコイルはモーター作りの部品になります。しかし，50回巻きセットは，磁力が弱いということを確かめたら，あとはお蔵入りです。もったいないので，一工夫して，子どもが喜ぶおもちゃを作ってみましょう。

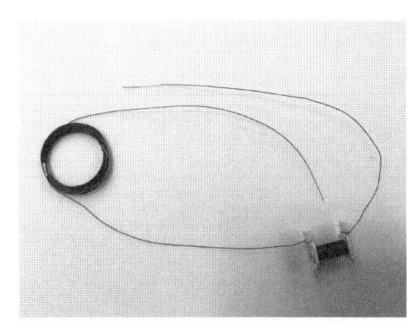

他に必要なものは，100円ショップのフェライト磁石・65mmの釘・3×3cmの厚紙を人数分，13mmのネオジム磁石・6mmストロー2cm・カエルなどの絵を描いた紙2枚を班の数だけ。

巻き残したエナメル線の束を両手で捻って，8の字にします。このとき，上と下の○が，できるだけ同じ大きさになるようにします。二つ折りにし，捻った方の反対側が開かないよう，セロハンテープで固定します。これで，巻き数が2倍になったコイルのでき上がりです。これだけの巻き数のコイルを別に作らせるのは大変です。しかし，残り物をただ捻るだけ。とてもお手軽です。導線は，同じ側にほぼ平行になるよう調整します。導線の長さは20cm以上あった方が高くジャンプします。

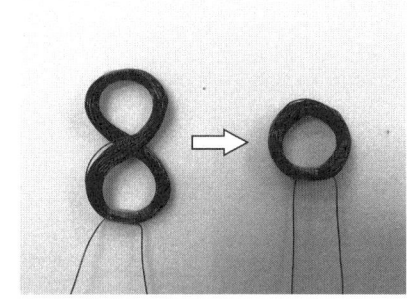

ジャンプさせたいカエルなどを描いた紙2枚を，両面テープでストローに固定します。その際，ストローは，紙の上の方に貼り付けるようにしてください。よりスムーズにジャンプさせるためです。短いストローを使うのは，長いと釘に引っかかってうまくジャンプしないからです。

紙の下側は，コイルに両面テープで固定します。コイルの方が磁石より大きい場合，小さな厚紙を磁石の上に載せて釘を立て，コイル（ストロー）を通します。

導線の一方を電池の－極にテープで止め，もう一方を＋極に触れさせると，通電してコイルに磁極が発生し，下の磁石に反発して飛び上がります。飛び上がらない場合は，磁石の向きを反対にしてください。次に，隣の人と協力して磁石2個。さらに，班で協力して磁石4個。どんどん高くジャンプするようになります。最後に，フェライト磁石4個分の磁力のネオジム磁石を班に1個与えます。釘から飛び出すほど高くジャンプして盛り上がるでしょう。

ワークシート①	月　日　天気　　　　気温　　　℃
電流がつくる磁力	年　　組　名前

めあて	電じしゃくについて調べよう

問い1　電じしゃくについて知っていることを書きましょう

ポイント　（　　　　）の中には（　　　　）が入っていて，
（　　　　）は，（　　　　）と（　　　　）でできている。（　　　　）を流すと動く。

問い2　リフティング・マグネットを見て感じたことを書きましょう

わかったこと

ワークシート②　　　　　月　　日　天気　　　　気温　　　℃

| 電流がつくる磁力 | 年　　組　名前 |

めあて　電じしゃくの特ちょうを調べよう

ポイント
◎コイル　＝どう線（エナメル線）を，同じ方向に何回も巻いたもの。
◎電じしゃく　＝コイルに鉄しんを入れて，電流を流したもの　→じりょく発生！

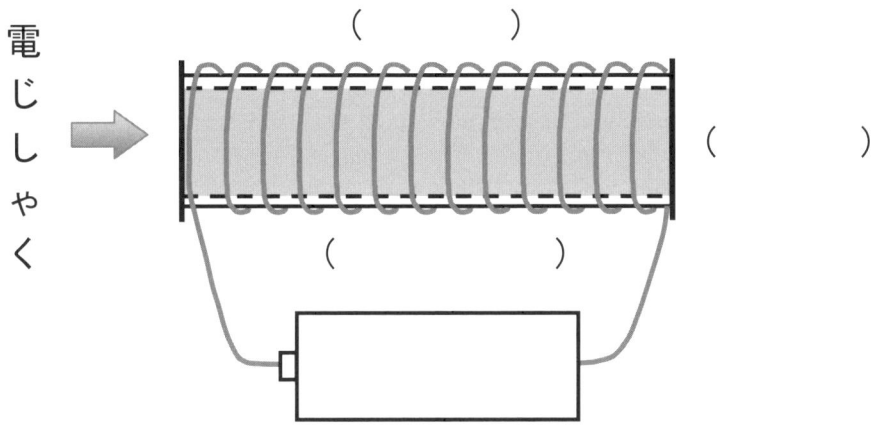

電じしゃく　（　　　　　）　（　　　　）　（　　　　　）

実験1　どう線に電流を流して，方位じしんに近づける

結果　_____

実験2　鉄の代わりに，プラスチックをコイルの中に入れる

結果　_____

わかったこと
_____

ワークシート③	月　日　天気　　　気温　　　℃
電流がつくる磁力	年　　組　名前

めあて　電じしゃくを作ろう

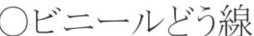　◎電じしゃくの作り方

○ビニールどう線
・親指のつめと人差し指の腹で強くはさんで引くと，スルッと取れて快感！
・できる人は，できない人のを，少しだけむいて助けてあげましょう。スルッと快感は，させてあげてね。

○エナメル線
・巻きをとめてあるテープをはずします。
・2つあるはしの，1つをつまんで，少しだけ引きます。
・バネのように，ほどける方が正解！　反対側を引くと，もつれる！
・もつれると，自力ではほどけません！
・ダメかもと思ったら，先生のヘルプを待つこと。
・輪ができたまま引くと，エナメルが，はがれたり切れたりします。
・輪が大きいうちに，ねじって元にもどします。

●巻く向きを，上の絵の向きにします。
・反対に巻くと，N極・S極がみんなと反対になる！
・ボビンに巻くとき，5～10回「あらく巻いては，はしによせる」作業をくり返します。
・両はしのエナメルをはがさないと，電流が流れません。
・紙やすりで，ていねいにはがします。
・はがし残しがないか，虫めがねでチェックします。

ワークシート④   月　日　天気　　　気温　　℃

電流がつくる磁力　　　年　組　名前

めあて　電じしゃくの極のせいしつを調べよう

問い　電じしゃくにも，極があると思いますか

予想　_____

実験1　電池を入れてから，スイッチを入れましょう

結果　※　針に色をぬり，N，Sを書きこみましょう

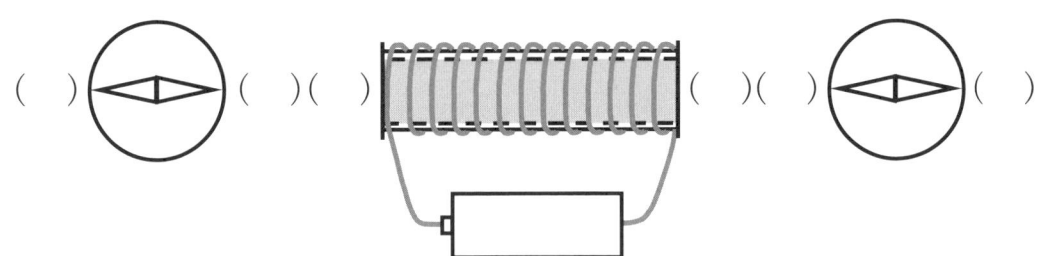

実験2　電池を反対に入れてから，スイッチを入れましょう

結果　※　針に色をぬり，N，Sを書きこみましょう

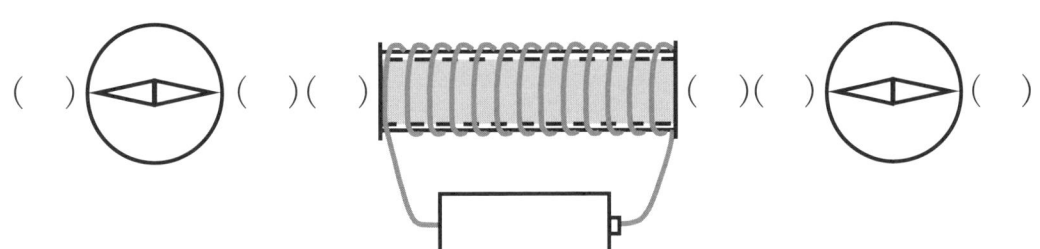

わかったこと　_____

_____

ワークシート⑤　　　　　月　日　天気　　　気温　　　℃

電流がつくる磁力　　　　　年　　組　名前

めあて　　電流計の使い方をマスターしよう

ポイント　　◎電流計 ＝回路を流れる電流の(　　)を調べるための器具

○アンペア（　　）＝電流の強さを表す単位
○電流計は，回路に（　　　　　）＝１つの輪になるようにつなぐ。
○＋たんしに，電池の（　　）極からつながっているどう線をつなぐ。
○−たんしに，電池の（　　）極からつながっているどう線をつなぐ。
○最初は，（　　）のたんしにつなぐ。
○針のふれが小さかったら，500mA→50mA とつなぎかえて調べる。
○5A は（　　　　）ということ。

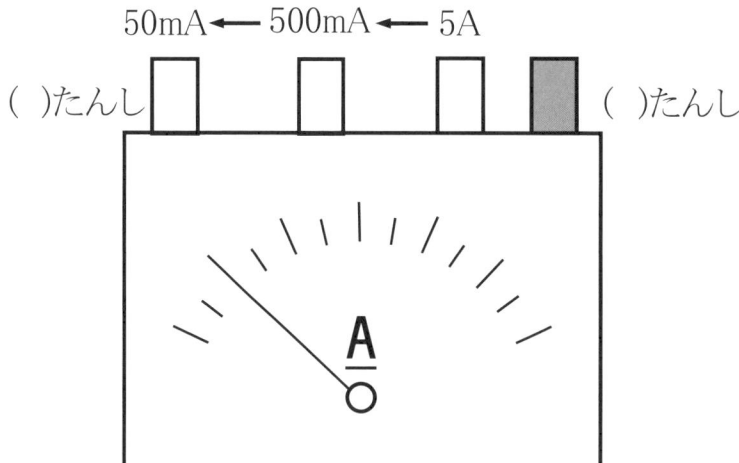

わかったこと

ワークシート⑥　　　　　　月　日　天気　　　気温　　　℃

電流がつくる磁力　　　　　　年　組　名前

めあて　電源そうちの使い方をマスターしよう

ポイント

◎電源そうち　＝電流が，かん電池のように（　　）ならない器具

○ボルト（　）　＝電流をおし出す力の大きさを表す単位
○コンセント　＝（　　　）V(ボルト)
○かん電池1個　＝（　　　）V(ボルト)
○電源そうちは，回路に（　　　　　）＝1つの輪になるようにつなぐ。
×コイルが熱くなってやけどをするきけんがあるので，100回巻きは電池2個分，200回巻きも電池2個分の電流しか流さない！
○＋たんしに，電流計の（　　）たんしからつながっているどう線をつなぐ。
○－たんしに，電流計の（　　）たんしの（　　）からつながっているどう線をつなぐ。

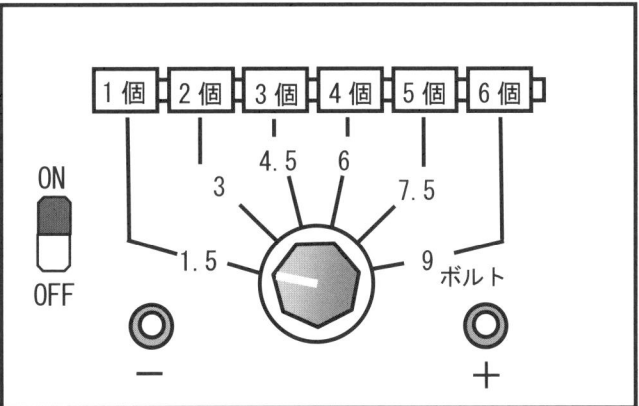

わかったこと

ワークシート⑦	月　日　天気　　　　気温　　　℃
電流がつくる磁力	年　組　名前

めあて　　電流を強くすると，電磁石の強さも強くなるか調べよう

問い　電流の強さを強くする（電池2個分）にすると，電磁石の強さは強くなるでしょうか

予想

実験
　◎変えて調べる条件　＝（　　　　　　　　）
　○同じにする条件　＝（　　　　　　　　）
　　　　　　　　　　　（　　　　　　　　）

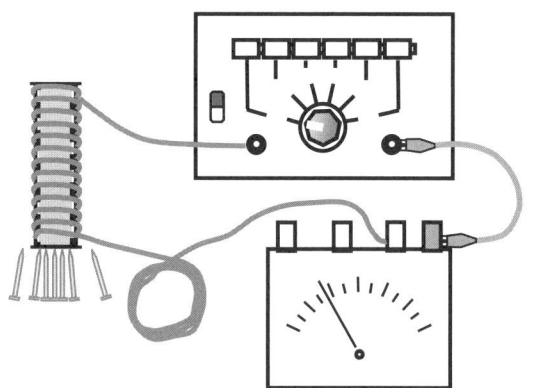

結果

コイル 50 回巻き	電池1個分	電池2個分
電流の強さ（A）	A	A
くぎの数（本）	本	本

わかったこと

ワークシート⑧	月　日　天気　　　　気温　　　℃
電流がつくる磁力	年　　組　名前

めあて　コイルの巻き数を多くすると，電磁石の強さが強くなるか調べよう

問い　コイルの巻き数を多くすると，電磁石の強さは強くなるでしょうか

予想

実験
　◎変えて調べる条件　＝（　　　　　　　　）
　○同じにする条件　＝（　　　　　　　　）
　　　　　　　　　　　（　　　　　　　　）

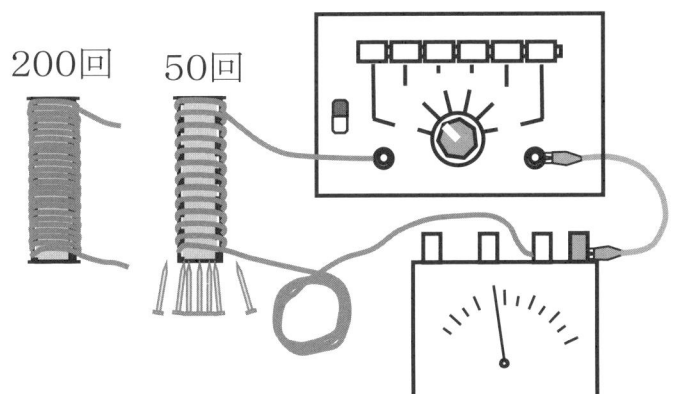

結果

かん電池2個分	A	A
コイルの巻き数	50回	200回
くぎの数	本	本

わかったこと

ワークシート⑨　　　　月　　日　天気　　　　気温　　　℃

電流がつくる磁力　　　　　年　　組　名前

めあて　モーターが回転する仕組みを調べよう

ポイント

◎モーターのおもな部品
A:電機子　＝電流を流すと
　　　　　（　　　　　）になる。
B:整流子　＝電流をON/OFF
　　　　　するためのもの。
C:じしゃく＝電じしゃくと，引き合う
　　　　　・（　　　　　）合う。

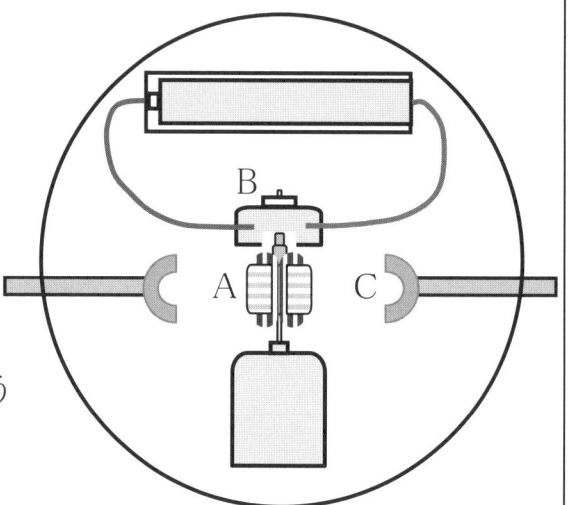

実験1
電機子に電流を流すと，どうなるでしょう

結果

実験2
電機子にじしゃくを近づけると，どうなるでしょう

結果

わかったこと

ワークシート⑩	月　日　天気　　　気温　　　℃
電流がつくる磁力	年　組　名前

めあて　シンプル・モーターを回そう

問い　モーターの主な部品は何でしたか

答え

ポイント

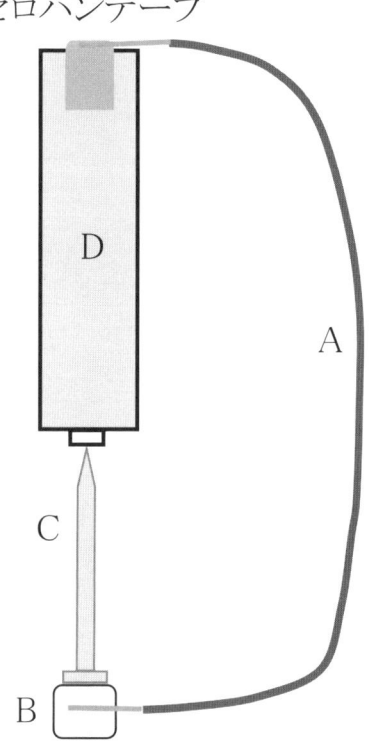
セロハンテープ

◎シンプル・モーターの部品

A:どう線　＝電流が流れる。

B:ネオジムじしゃく

　　　　＝超強力な じりょく

C:鉄くぎ　＝先でぶらさげる。

D:かん電池　＝電流を流す。

※注意：回し続けると、どう線が熱くなります。回転したらどう線をはなし、回転がおそくなったら、どう線をじしゃくにふれさせましょう。

わかったこと

7 振り子の運動

本単元は，振り子の長さ，振れ幅，おもりの重さという条件を制御しながら，1往復する時間を調べていきます。対照実験には慣れてきているので，実験方法が分かると，子ども達は小さな科学者に変身して，協力しながら真剣に取り組みます。

まず，身近なブランコの揺れで条件を変えて実験します。予想に反する結果になったとしても，これが子ども達の探究心を高めます。条件を変えながら振り子のきまりを検証し，最終的に，周期は振り子の長さによってのみ変わることを確かめます。

育成する資質・能力

【知識及び技能】
　振り子が1往復する時間は，おもりの重さなどによっては変わらないが，振り子の長さによって変わることを理解する。

【思考力，判断力，表現力等】
　振り子の運動の規則性について追究する中で，振り子が1往復する時間に関係する条件についての予想や仮説を基に，解決の方法を発想し，表現する。

【学びに向かう力，人間性等】
　主に予想や仮説を基に，解決の方法を発想する力や主体的に問題解決しようとする態度を育成する。

単元の構成　※丸付数字はワークシートの番号

第一次　振り子の振れ方のきまり
- 第1時　振り子とブランコ…①
- 第2時　振り子の仕組み…②
- 第3時　振り子とおもりの重さ…③
- 第4時　振り子と振り子の長さ…④
- 第5時　振り子と振れ幅…⑤

第二次　振り子の振れ方と条件の違い
- 第1時　振れ幅と周期…⑥
- 第2時　振り子の長さと周期1…⑦
- 第3時　振り子の長さと周期2…⑧

第三次　振り子のきまりを使って
- 第1時　ブランコをこぐ仕組み…⑨
- 第2時　落ちない振り子…⑩

解説とワークシートの解答

第一次 第1時 ワークシート① 「振り子とブランコ」

目標 ブランコが1往復する時間（周期）が，体重や振れ幅を変えたり，座って・立って振らせたりすることによって変化するかどうか，考えることができる。

準備物
- □ ブランコ
- □ カメラ（動画）

授業の流れ

① 体重の違いによって，1往復する時間が変わるか調べる。

↓

② 振れ幅を変えることによって，1往復する時間が変わるか調べる。

↓

③ 座って，立って振らせることによって，1往復する時間が変わるか調べる。

指導のポイント

- 振り子の決まりが生活の中で生かされている例は少なく，ブランコやメトロノームぐらいです。振り子時計も目にすることはないので，興味をもって取り組ませることが難しい単元です。
- 最も身近なブランコをこぐ仕組みが，振り子の決まりで説明できることを予告しておきます。
- 体重の違いで実験する際，重い人・軽い人ではなく，同じ体重の人で，片方におもり（砂入りバケツ等）を抱かせて実験します。
- 周期がほぼ同じという選択肢も含め，3択で，考え別に場所を設定して移動させます。

第一次 第2時 ワークシート② 「振り子の仕組み」

目標 振り子の周期に関わる要素は，おもりの重さ・振れ幅・振り子の長さで，振り子の長さは，支点からおもりの重心までの長さであることが理解できる。

準備物
- □ 振り子実験器　□ 柄長ほうき
- □ バット　□ ストップウォッチ
- □ ブランコ動画

授業の流れ

① 振り子には，3つの要素があることを知る。

↓

② 重心の意味を知り，振り子の長さがどこまでか理解する。

↓

③ ブランコ実験で，3つの要素が何に対応するか理解する。

指導のポイント

- 教科書に記載はありませんが，振り子の長さやブランコのこぎ方を理解させるために，重心を教えます。
- 重心の意味は，バットや柄長ほうきで説明すると分かりやすいでしょう。
- 振り子の3つの要素を3条件とすることで，慣れてきた対照実験として条件制御しながら，周期との関係を調べていきます。
- 周期を正しく計測するために，10往復を3回計らせます。その必要性を示すために，1往復1回を演示しておきます。後に分かる計測値と比較させると，納得してくれます。

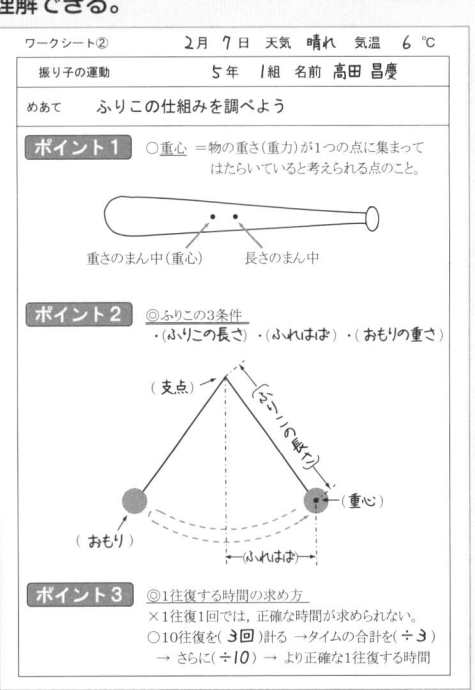

123

7　振り子の運動

解説とワークシートの解答

第一次　第3時　ワークシート③「振り子とおもりの重さ」

目標　振り子が1往復する時間とおもりの重さとの関係を，役割分担して条件制御しながら調べることで，理解することができる。

準備物
- 振り子実験器
- ストップウォッチ
- 電卓　□50cm定規

授業の流れ

おもりの重さを変えて実験する計画を立てる。

↓

②役割分担を確認する。

↓

おもりの重さと周期との関係をまとめる。

指導のポイント

- 最重要は，ストップウォッチを押すタイミングです。カウントは，「い〜ち」ではなく，最高到達点で「いちっ」を徹底させます。
- 実験器によっては，おもりの大きさが違うため，重心の位置で，ふりこの長さを調整し直す必要がある場合があります。
- 計時係，振らす係，振れ幅係，記録・計算係に役割分担し，報告は，記録・計算係にさせます。
- 10往復を3回計りますが，操作に慣れさせるためにも，役割は代えないで行います。
- 早く測り終えた班は，4回，5回と，全班が終了するまで，繰り返し計測します。

ワークシート③　2月9日　天気 くもり　気温 9℃
振り子の運動　5年 1組 名前 髙田 昌慶

めあて　ふりこが1往復する時間とおもりの重さとの関係を調べよう

問い　おもりの重さを変えると，1往復する時間は，どうなるでしょうか

予想　軽い方が，速くふれると思う。

実験
◎変える条件：(おもりの重さ)＝(29g と 17g)
○同じにする条件：(ふりこの長さ)＝(25cm)
　　　　　　　　(ふれはば)＝(30°)

注意
・1番高い所でいっしゅん止まった時に，1，2…と全員でカウントする。
・重さを変えるとき，役割を1つずつ交代する。
・結果は，小数第2位を四捨五入する。
　例：0.98 → 1.0　0.94 → 0.9

結果

おもりの重さ	1回目	2回目	3回目	合計	÷3÷10	4回目
重い 29g	9.6	10.1	9.9	29.6	1.0	9.8
軽い 17g	9.8	10.0	9.9	29.7	1.0	9.9

わかったこと　ふりこが1往復する時間は，おもりの重さを変えても変わらない。

第一次　第4時　ワークシート④「振り子と振り子の長さ」

目標　振り子が1往復する時間と振り子の長さとの関係を，役割分担して条件制御しながら調べることで，理解することができる。

準備物
- 振り子実験器
- ストップウォッチ
- 電卓　□50cm定規

授業の流れ

振り子の長さを変えて実験する計画を立てる。

↓

②役割分担を確認して実験する。

↓

振り子の長さと周期との関係をまとめる。

指導のポイント

- おもりの重さを変えても周期が変わらなかったので，本時は，周期が変化する「振り子の長さ」を変えて実験します。
- 振り子の長さが25cmの実験は，前時に計測済みなので，カットしてもよいでしょう。
- 振り子の長さを正確に25cmから50cmにするため，0を合わせる係と重心を見る係を専任して調整させます。
- 振れ幅は30°と，同じ条件にします。
- 計時係，振らす係，振れ幅係，記録・計算・報告係は交代させます。
- 早く測り終えた班は，4回，5回と，全班が終了するまで，繰り返し計測します。

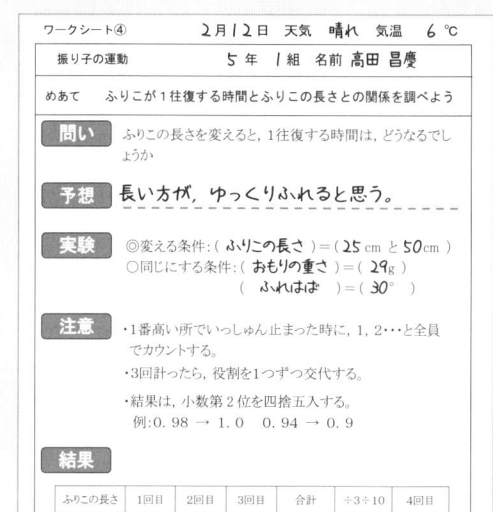

ワークシート④　2月12日　天気 晴れ　気温 6℃
振り子の運動　5年 1組 名前 髙田 昌慶

めあて　ふりこが1往復する時間とふりこの長さとの関係を調べよう

問い　ふりこの長さを変えると，1往復する時間は，どうなるでしょうか

予想　長い方が，ゆっくりふれると思う。

実験
◎変える条件：(ふりこの長さ)＝(25cm と 50cm)
○同じにする条件：(おもりの重さ)＝(29g)
　　　　　　　　(ふれはば)＝(30°)

注意
・1番高い所でいっしゅん止まった時に，1，2…と全員でカウントする。
・3回計ったら，役割を1つずつ交代する。
・結果は，小数第2位を四捨五入する。
　例：0.98 → 1.0　0.94 → 0.9

結果

ふりこの長さ	1回目	2回目	3回目	合計	÷3÷10	4回目
短い 25cm	9.6	10.1	9.9	29.6	1.0	9.8
長い 50cm	14.3	14.4	14.2	42.9	1.4	14.1

わかったこと　ふりこが1往復する時間は，ふりこの長さを変えると変わる。長くなると長く，短くなると短くなる。長長，短短！

第一次 第5時 ワークシート⑤ 「振り子と振れ幅」

目標 振り子が1往復する時間と振れ幅との関係を、役割分担して条件制御しながら調べることで、理解することができる。

準備物
- □振り子実験器
- □ストップウォッチ
- □電卓 □50cm定規

授業の流れ

①振れ幅を変えて実験する計画を立てる。

②役割分担を確認して実験する。

③振れ幅と周期との関係をまとめる。

指導のポイント

- ●おもりの重さでは変化せず、振り子の長さで変化した周期が、振れ幅で変わるだろうかと、子ども達の知的好奇心を刺激します。
- ●振り子の長さは50cmにした方が、より正確な計時ができます。
- ●振れ幅が30°の実験は、前時の計測データを使います。
- ●計時係、振らす係、振れ幅係、記録・計算・報告係は、交代させます。
- ●正確に測定した班は、周期が1.5秒になるという意外な結果を導き出すでしょう。
- ●早く測り終えた班は、全班が終了するまで、振れ幅を70°以上にして計測します。

ワークシート⑤ 2月14日 天気 晴れ 気温 12℃
振り子の運動　5年 1組 名前 髙田 昌慶

めあて ふりこが1往復する時間とふれはばとの関係を調べよう

問い ふれはばを変えると、1往復する時間は、どうなるでしょうか

予想 ふれはばが大きい方が、ゆっくりふれると思う。

実験
◎変える条件:(ふれはば)=(30° と 60°)
○同じにする条件:(ふりこの長さ)=(50cm)
　　　　　　　　(おもりの重さ)=(29g)

注意
- ・1番高い所でいっしゅん止まった時に、1、2…と全員でカウントする。
- ・3回計ったら、役割を1つずつ交代する。
- ・結果は、小数第2位を四捨五入する。
  例:0.98 → 1.0　0.94 → 0.9

結果

ふれはば	1回目	2回目	3回目	合計	÷3÷10		
小さい30°	14.3	14.4	14.2	42.9	1.4	70°	1.5
大きい60°	15.3	15.2	15.1	45.6	1.5	80°	1.5
						90°	1.6

わかったこと ふりこが1往復する時間は、ふれはばが大きくなると、少しだけ長くなる。

第二次 第1時 ワークシート⑥ 「振れ幅と周期」

目標 振れ幅が変わっても周期が変わらない理由について考え、振れ幅が小さいときに限られることを理解することができる。

準備物
- □振り子実験器
- □ストップウォッチ
- □電卓 □50cm定規

授業の流れ

①振れ幅が70°以上の場合の周期の計測結果を共有する。

②教科書の記述と比較し、そうなった理由を考える。

③振れ幅が大きい場合、周期がわずかに長くなることに気づく。

指導のポイント

- ●前時に70°以上の計測ができていない場合は、演示して、各班の計時係に計測させてデータを取ります。
- ●教科書の記述では「1往復する時間は、ふれはばが変わっても変わらない」となっているのに、なぜだろうと投げかけます。
- ●教科書の表では15°と30°になっていることに気づく子どもが出たら、以下の説明をします。
- ●60°で正確に実験すると1.5秒になるという事実は高校物理レベルであり、ほとんど知られていない。そんな結果を出したあなた達の協力と実験能力は素晴らしい！とほめてあげましょう。

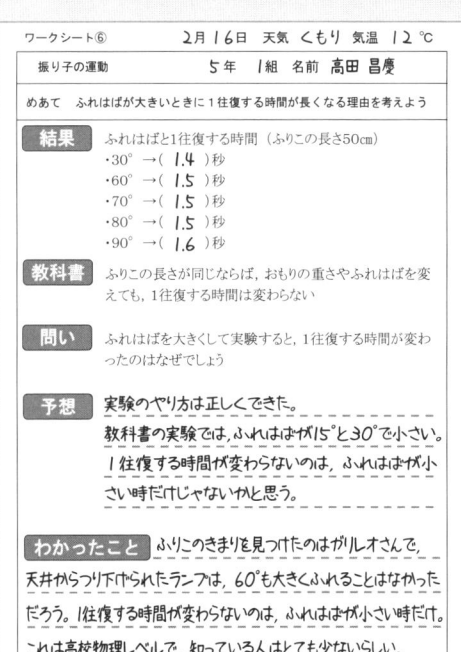

ワークシート⑥ 2月16日 天気 くもり 気温 12℃
振り子の運動　5年 1組 名前 髙田 昌慶

めあて ふれはばが大きいときに1往復する時間が長くなる理由を考えよう

結果 ふれはばと1往復する時間（ふりこの長さ50cm）
- ・30° → (1.4)秒
- ・60° → (1.5)秒
- ・70° → (1.5)秒
- ・80° → (1.5)秒
- ・90° → (1.6)秒

教科書 ふりこの長さが同じならば、おもりの重さやふれはばを変えても、1往復する時間は変わらない

問い ふれはばを大きくして実験すると、1往復する時間が変わったのはなぜでしょう

予想 実験のやり方は正しくできた。
教科書の実験では、ふれはばが15°と30°で小さい。1往復する時間が変わらないのは、ふれはばが小さい時だけじゃないかと思う。

わかったこと ふりこのきまりを見つけたのはガリレオさんで、天井からつり下げられたランプは、60°も大きくふれることはなかっただろう。1往復する時間が変わらないのは、ふれはばが小さい時だけ。これは高校物理レベルで、知っている人はとても少ないらしい。

7　振り子の運動

解説とワークシートの解答

第二次　第2時　ワークシート⑦「振り子の長さと周期1」

目標　振り子の長さをさらに長くしたときの，1往復する時間の変化について考え表現し，実験して確かめる。

準備物
- □ 1m，4m振り子
- □ ストップウォッチ

授業の流れ

① 振り子の長さを25cmと50cmにした時の周期を比べる。

② 振り子の長さを1mにした時の周期を考え，実験して確かめる。

③ 振り子の長さを4mにした時の周期を考え，実験して確かめる。

指導のポイント

- 振り子が1往復する時間は，長さが25cmで1.0秒，50cmで1.4秒だった。長さが2倍になっても，周期は2倍にならなかったことを確認させます。その上で，長さを1mにすると周期が何秒になるか問います。
- 教卓の上で1m振り子を演示し，計時係に計測させます。
- 8班なら8つのデータを合計し，÷8÷10で周期を出します。
- 4m振り子の周期が何秒になるか考え，話し合わせます。
- 4m振り子は，2Fと3Fのように階をまたいで，窓から棒を突き出して振らせます。
- 周期は，1m振り子と同様に算出します。

ワークシート⑦　2月19日　天気くもり　気温 10℃
振り子の運動　5年 1組　名前 髙田昌慶

めあて　振り子の長さを長くすると，1往復する時間はどうなるか調べよう

結果　ふりこの長さと1往復する時間
・25cm→(1.0)秒　50cm→(1.4)秒

問い1　ふりこの長さを1mにすると，1往復する時間は，何秒になるでしょう

予想　長さが2倍になっても，1往復する時間は2倍にならなかった。2.8秒より短いと思う。

実験　◎ふりこの長さ…1m

結果　1往復する時間→(2.0)秒

問い2　ふりこの長さを4mにすると，1往復する時間は，何秒になるでしょう

予想　長さが4倍になっても，1往復する時間は4倍にならないと思う。3秒かもしれない。

実験　◎ふりこの長さ…4m

結果　1往復する時間→(4.0)秒

第二次　第3時　ワークシート⑧「振り子の長さと周期2」

目標　振り子の長さをさらに長くしたときの，1往復する時間が変化する決まりを考え表現し，実験して理解することができる。

準備物
- □ 9m振り子
- □ ストップウォッチ

授業の流れ

① 振り子の長さが4mまでの周期を表にまとめる。

② 振り子の長さと周期との関係を考え，意見交換する。

③ 9m振り子の周期が，計算通りになるか，実験して確かめる。

指導のポイント

- 高校物理で「振り子の等時性」として，微小振動の単振り子の周期は，振り子の長さと重力加速度のみで決まり，おもりの重さや振幅には無関係であると学びます。
- これは，第2次第1時で確かめました。
- 本時は，これまでの振り子の長さと周期との関係を表にまとめ，変わり方の決まりを見つけることをめあてにします。
- 難しいですが，算数が得意な子どもが決まりに気づくでしょう。
- 9m振り子で実験して確かめたら，8秒振り子は何mか問います。子ども達の食いつきを期待しています。

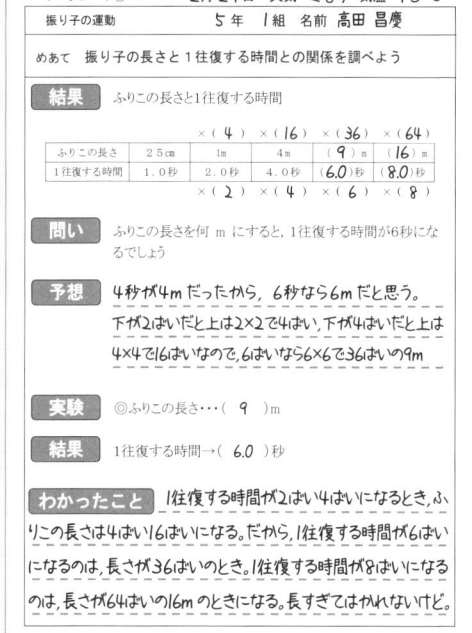

ワークシート⑧　2月21日　天気くもり　気温 13℃
振り子の運動　5年 1組　名前 髙田昌慶

めあて　振り子の長さと1往復する時間との関係を調べよう

結果　ふりこの長さと1往復する時間

	×(4)	×(16)	×(36)	×(64)
ふりこの長さ	25cm	1m	4m	(9)m	(16)m
1往復する時間	1.0秒	2.0秒	4.0秒	(6.0)秒	(8.0)秒
	×(2)	×(4)	×(6)	×(8)

問い　ふりこの長さを何mにすると，1往復する時間が6秒になるでしょう

予想　4秒が4mだったから，6秒なら6mだと思う。下が2ばいだと上は2×2で4ばい，下が4ばいだと上は4×4で16ばいなので，6ばいなら6×6で36ばいの9m

実験　◎ふりこの長さ…(9)m

結果　1往復する時間→(6.0)秒

わかったこと　1往復する時間が2ばい4ばいになるとき，ふりこの長さは4ばい16ばいになる。だから，1往復する時間が6ばいになるのは，長さが36ばいのとき。1往復する時間が8ばいになるのは，長さが64ばいの16mのときになる。長すぎてはかれないけど。

解説とワークシートの解答

第三次 第1時 ワークシート⑨「ブランコをこぐ仕組み」

目標 振り子の決まりをブランコに当てはめ，こぐと振れ幅が大きくなっていく理由について考え表現し，実験して確かめることができる。

準備物
- □振り子実験器
- □ブランコの動画

授業の流れ

①ブランコをこいでいる動画を見て，振れ幅が大きくなっていく理由について考える。

②人をおもりと考え，こいでいるときの重心の位置に注目して考え直す。

③重心が高くなると，短い振り子になり，スピードアップすることに気づく。

指導のポイント

●これまで考えたこともない，ブランコがこげる理由について考えさせます。立ちこぎについて考えた方が近道です。
●振れ幅が大きくなるということは，勢いがついていること。立ったりしゃがんだりすることで，勢いがつくのかと問います。
●出なければ，立った時，しゃがんだ時の重心の位置はどこになるかと投げかけます。
●重心の位置が上に上がる＝短い振り子＝速く振れることに気づけば，ほぼ合格です。
●最下点に向かって振り子の長さがだんだん短くなりながら，スピードアップしていくという説明が正解です。

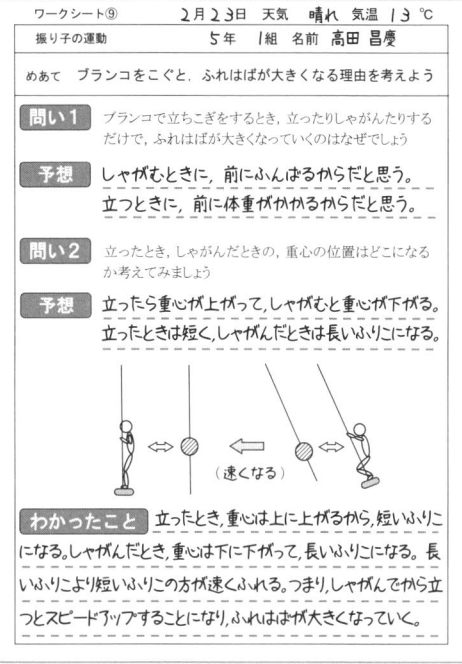

第三次 第2時 ワークシート⑩「落ちない振り子」

目標 重しが落ちる前に，錘を吊るした糸が棒に巻きついてしまう，振り子のおもちゃ「落ちない君」の仕組みを理解し，説明することができる。

準備物
- □振り子実験器
- □落ちない君セット

授業の流れ

①「落ちない君」演示を見て，落ちない理由を考える。

②錘を放す角度を変えて実験しながら，振り子との関係を考える。

③ブランコと同じような仕組みで，錘が加速していることに気づく。

指導のポイント

●「落ちない君」の重しは，筆箱等では重すぎて，巻き解けてしまいます。ハサミの重さが適当です。
●演示では，振れ幅を90°で見せます。
●自動的に糸が巻きつくことで重しが落ちないことに驚き，楽しんで実験するでしょう。
●錘を放す角度を変えて実験するように指示します。
●振れ幅が大きすぎても小さすぎても巻きつきにくいので振り子として振れることがポイントだと気づかせます。
●ブランコと同じように，短い振り子になりながら，加速していることに気づけば合格！

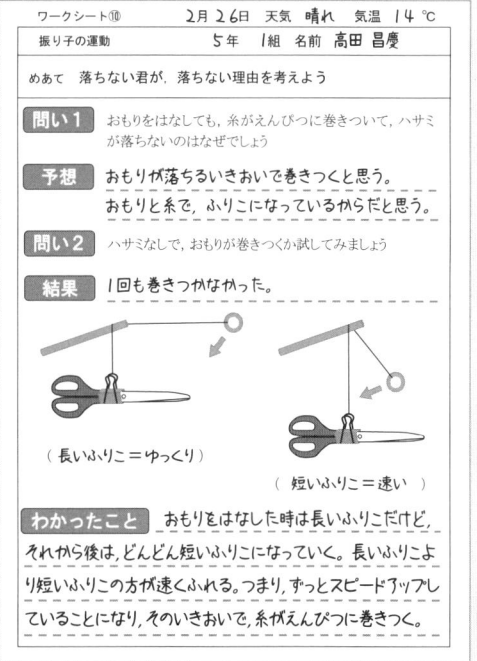

7 振り子の運動

ポイント解説

指導のアイデアとコツ

ブランコをこぐ様子

スロー動画を以下にアップしてあります。

（https://www.youtube.com/watch?v=csSjssNA-EQ）

落ちない君の作り方

材料は，ダブルクリップ32mm，座金22mm，糸60cm（解けやすい水糸・太がオススメ），ボンド，鉛筆です。水糸の両端を折り返して3cmぐらいの輪を作ります。水糸は解けやすいので，結び目をボンドで固めます。片方をクリップの金具に，もう片方を座金に通して結わえます。鉛筆はペンでもよいし，慣れれば指でもOK。「落ちない君の不思議を探ろう」

（http://proto-ex.com/data/513.html）

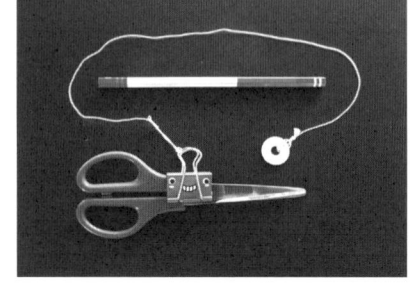

落ちない君で落ちない実験

クリップにハサミを挟みます。クリップから10cmぐらいのところを，鉛筆で支えます。錘をつまんで，床面と水平になるよう残りの糸を引きます。錘を放すと，ハサミは真っ逆さまに落ちていき，錘は振り子になって振れ落ちていきます。この振り子はどんどん短くなっていくので加速され，その勢いで鉛筆に巻きつきます。ハサミの落下は途中でストップ！　これぞ「落ちない君」です。こちらもご覧ください。

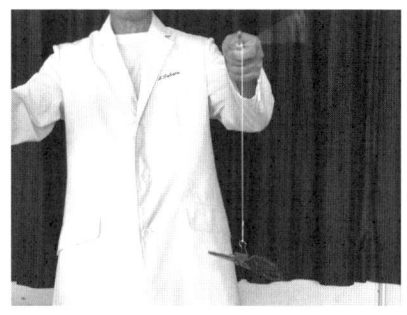

「ビッグ落ちない君の秘密を探ろう」（http://proto-ex.com/data/792.html）

キーキングするピンクパンサー

京都の東郷伸也さんが開発された実験器は，紐を引くとピンクパンサーが立ったりしゃがんだりします。それをタイミングよく繰り返すと，どんどん振れ幅が大きくなっていきます。そして，ついにその時が！　逆立ちからの1回転，2回転，3回転…グルングルンと大回転を繰り返します。鎖ではなく，鋼管でできたブランコだからできる技で，海外ではキーキングと呼ばれています。詳しくは以下をご覧ください。

「キーキングに挑戦，ピンクパンサー大回転！」（http://www.proto-ex.com/data/858.html）

ブランコ人形大回転

　上橋智恵さんが開発された「ぶらんこ大車輪人形（手動式）」は，人形が生き生きとブランコをこぎ，見事に大車輪するのが魅力です。
（https://eneene7.blogspot.com/2018/10/blog-post_10.html）

　自作するのはかなり困難ですが，苦労してでも作る価値はあります。ポイントは，スムーズに手足の関節が動くようにすることと，背中に重いワッシャーを背負わせることです。

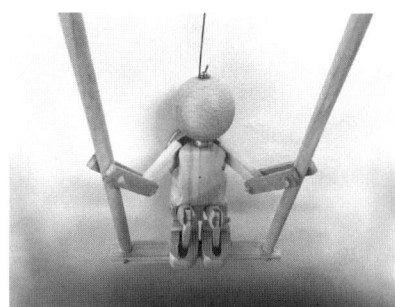

　小さな木の人形なので，立ったりしゃがんだりしても，重心が大して移動しないのです。錘を背負わせることで「しゃがんで長い振り子＝ゆっくり振れる」から，「立って短い振り子＝速く振れる」と連続的に変化する過程で，加速させることができます。特に上の方へ上がった時，ひもを緩めても，重くないとスッとしゃがんでくれません。そうすると，加速がストップしてしまいます。

　子どもは意識していませんが「立ちこぎ」では，右図のように，しゃがんだ状態から徐々に立ち上がることで，大きく振れるようになります。右の頂点でもしゃがみ，下で立つようにすれば，もっと速く大きく振れます。

　そして，振れがどんどん大きくなっていき，右図のように一回転してしまいます。タイミングが合えば2回，3回，4回…この大回転を，ぜひすべての子どもに体験させてやりたいと願っています。

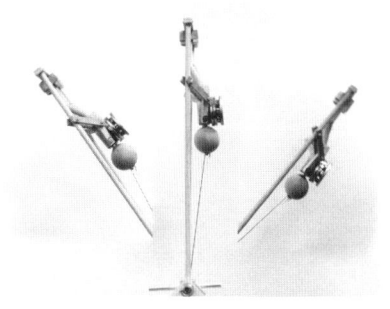

1往復する時間は振れ幅で変わる！？

　「振り子が1往復する時間は，おもりの重さや振れ幅を変えても変わらない」と指導します。しかし，振れ幅が大きくなると周期はわずかに長くなります。この事実は高校物理で学びますが，5年生がきちんと実験するとそんな結果が出ます。それで，教科書は振れ幅を30°と60°ではなく15°と30°に設定するようになりました。振れ幅が小さいと変化が出にくいからです。

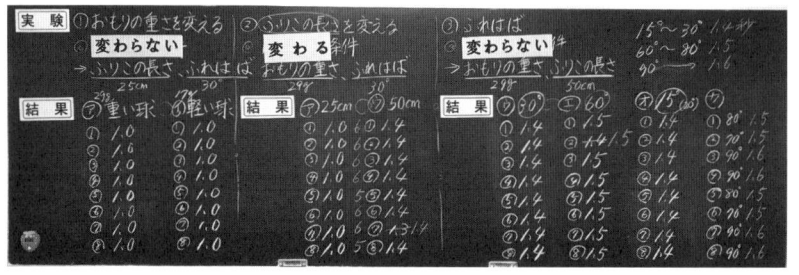

| ワークシート① | 月　日　天気　　　　気温　　　℃ |

| 振り子の運動 | 年　組　名前 |

| めあて | ブランコのふれ方が変わる条件を調べよう |

問い1 体重が軽い人と重い人では、どちらが速くふれるでしょう

予想 ──────────────

結果 ──────────────

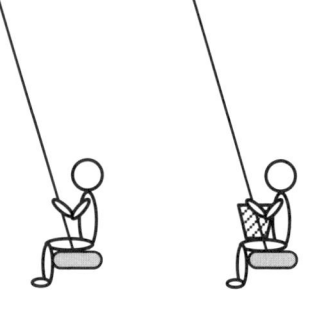

問い2 大きくふらせた時と小さくふらせた時では、どちらが速くふれるでしょう

予想 ──────────────

結果 ──────────────

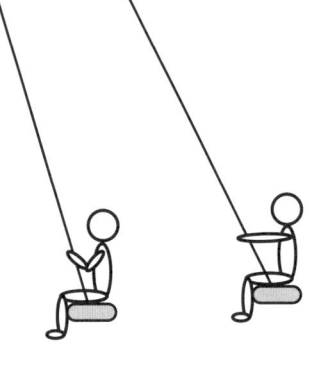

問い3 座った人と立った人では、どちらが速くふれるでしょう

予想 ──────────────

結果 ──────────────

わかったこと ──────────────

──────────────

ワークシート②　　　　　　月　　日　天気　　　　気温　　　　℃

振り子の運動　　　　　　　　年　　組　名前

めあて　ふりこの仕組みを調べよう

ポイント1　○重心 ＝物の重さ(重力)が1つの点に集まって
　　　　　　　　　　はたらいていると考えられる点のこと。

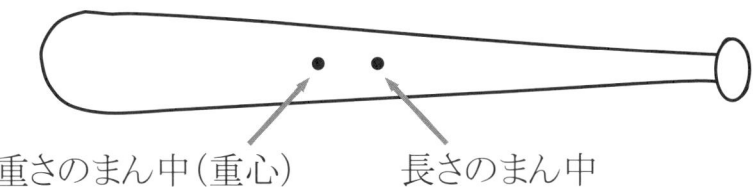

重さのまん中(重心)　　　長さのまん中

ポイント2　◎ふりこの3条件
　　　　　　　・(　　　　)・(　　　　)・(　　　　　　)

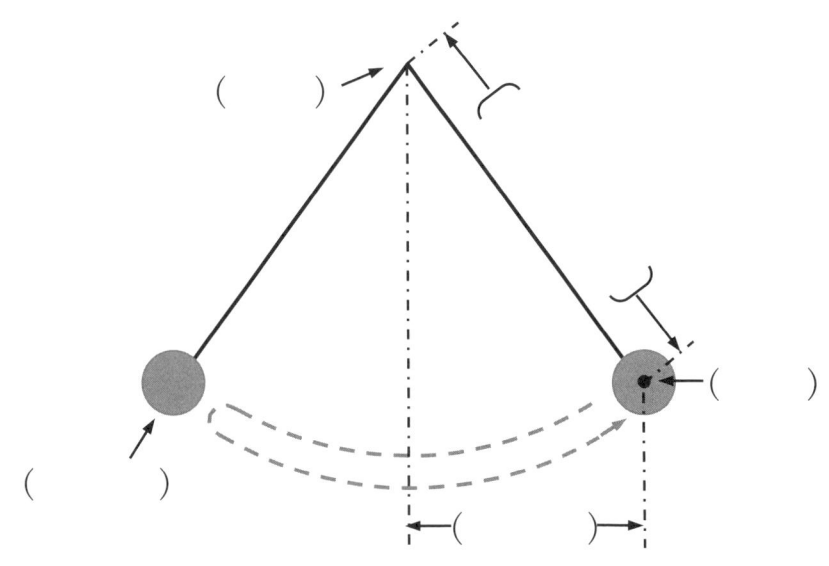

ポイント3　◎1往復する時間の求め方
　　　　　　　×1往復1回では，正確な時間が求められない。
　　　　　　　○10往復を(　　　)計る →タイムの合計を(　　　)
　　　　　　　　→ さらに(　　　) → より正確な1往復する時間

ワークシート③　　　　　月　　日　天気　　　　気温　　　　℃

| 振り子の運動 | 年　　組　名前 |

めあて　　ふりこが1往復する時間とおもりの重さとの関係を調べよう

問い　おもりの重さを変えると，1往復する時間は，どうなるでしょうか

予想

実験
◎変える条件：（　　　　　　）＝（　　g と　　g）
○同じにする条件：（　　　　　　）＝（　　cm）
　　　　　　　　　（　　　　　　）＝（　　°）

注意
・1番高い所でいっしゅん止まった時に，1，2…と全員でカウントする。
・重さを変えるとき，役割を1つずつ交代する。
・結果は，小数第2位を四捨五入する。
　例：0.98 → 1.0　0.94 → 0.9

結果

おもりの重さ	1回目	2回目	3回目	合計	÷3÷10	4回目
重い29g						
軽い17g						

わかったこと

ワークシート④　　　　　　　　月　　日　天気　　　　気温　　　　℃

振り子の運動　　　　　　　　　年　　組　名前

めあて　ふりこが1往復する時間とふりこの長さとの関係を調べよう

問い　ふりこの長さを変えると，1往復する時間は，どうなるでしょうか

予想　------

実験
◎変える条件：(　　　　　　　) = (　　cm と　　cm)
○同じにする条件：(　　　　　　　) = (　　g)
　　　　　　　　　(　　　　　　　) = (　　°)

注意
・1番高い所でいっしゅん止まった時に，1, 2・・・と全員でカウントする。
・3回計ったら，役割を1つずつ交代する。
・結果は，小数第2位を四捨五入する。
　例：0.98 → 1.0　　0.94 → 0.9

結果

ふりこの長さ	1回目	2回目	3回目	合計	÷3÷10	4回目
短い 25cm						
長い 50cm						

わかったこと　------

ワークシート⑤	月　日　天気　　　気温　　　℃
振り子の運動	年　組　名前
めあて	ふりこが1往復する時間とふれはばとの関係を調べよう

問い　ふれはばを変えると，1往復する時間は，どうなるでしょうか

予想　------------------------------

実験
◎変える条件：(　　　　　　　)＝(　　°　と　　°　)
○同じにする条件：(　　　　　　　)＝(　　cm　)
　　　　　　　　(　　　　　　　)＝(　　g　)

注意
・1番高い所でいっしゅん止まった時に，1,2…と全員でカウントする。
・3回計ったら，役割を1つずつ交代する。
・結果は，小数第2位を四捨五入する。
　例：0.98 → 1.0　　0.94 → 0.9

結果

ふれはば	1回目	2回目	3回目	合計	÷3÷10	
小さい30°						
大きい60°						

わかったこと　------------------------------

ワークシート⑥	月　　日　天気　　　　気温　　　℃

振り子の運動　　　　　年　　組　名前

めあて　ふれはばが大きいときに1往復する時間が長くなる理由を考えよう

結果　ふれはばと1往復する時間（ふりこの長さ50cm）
- 30°　→（　　　）秒
- 60°　→（　　　）秒
- 70°　→（　　　）秒
- 80°　→（　　　）秒
- 90°　→（　　　）秒

教科書　ふりこの長さが同じならば，おもりの重さやふれはばを変えても，1往復する時間は変わらない

問い　ふれはばを大きくして実験すると，1往復する時間が変わったのはなぜでしょう

予想
_____
_____
_____
_____

わかったこと
_____
_____
_____
_____

ワークシート⑦　　　　　　月　　日　天気　　　　気温　　　　℃

| 振り子の運動 | 年　　組　名前 |

めあて　　振り子の長さを長くすると，1往復する時間はどうなるか調べよう

結果　ふりこの長さと1往復する時間
・25cm→(　　　　)秒　　50cm→(　　　　)秒

問い1　ふりこの長さを1mにすると，1往復する時間は，何秒になるでしょう

予想

実験　◎ふりこの長さ・・・1m

結果　1往復する時間→(　　　　)秒

問い2　ふりこの長さを4mにすると，1往復する時間は，何秒になるでしょう

予想

実験　◎ふりこの長さ・・・4m

結果　1往復する時間→(　　　　)秒

ワークシート⑧	月　　日　天気　　　気温　　　℃
振り子の運動	年　　組　名前

めあて	振り子の長さと１往復する時間との関係を調べよう

結果　ふりこの長さと1往復する時間

　　　　　　　　　　　×(　)　　×(　)　　×(　)　　×(　)

ふりこの長さ	2 5 ㎝	1m	4 m	(　)m	(　)m
1往復する時間	1.0秒	2.0秒	4.0秒	(　)秒	(　)秒

　　　　　　　　　　　×(　)　　×(　)　　×(　)　　×(　)

問い　ふりこの長さを何 m にすると，1往復する時間が6秒になるでしょう

予想

実験　◎ふりこの長さ・・・(　　　)m

結果　1往復する時間→(　　　)秒

わかったこと

ワークシート⑨	月　日　天気　　　気温　　　℃
振り子の運動	年　組　名前

めあて　ブランコをこぐと，ふれはばが大きくなる理由を考えよう

問い1　ブランコで立ちこぎをするとき，立ったりしゃがんたりするだけで，ふれはばが大きくなっていくのはなぜでしょう

予想

問い2　立ったとき，しゃがんだときの，重心の位置はどこになるか考えてみましょう

予想

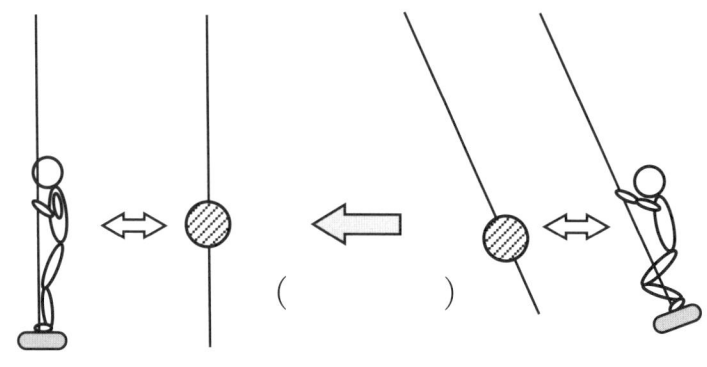
(　　　)

わかったこと

ワークシート⑩　　　　　月　　日　天気　　　　気温　　　℃

振り子の運動　　　　　　　年　　組　名前

めあて　落ちない君が，落ちない理由を考えよう

問い１　おもりをはなしても，糸がえんぴつに巻きついて，ハサミが落ちないのはなぜでしょう

予想

問い２　ハサミなしで，おもりが巻きつくか試してみましょう

結果

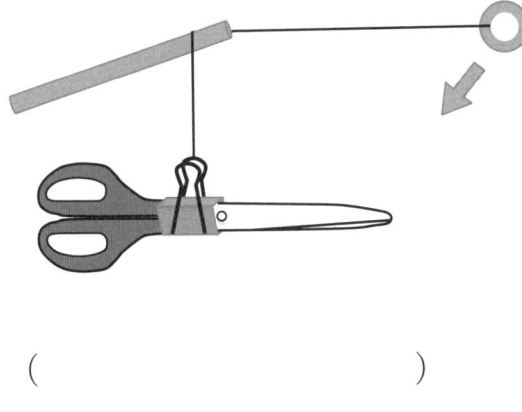

(　　　　　　　)

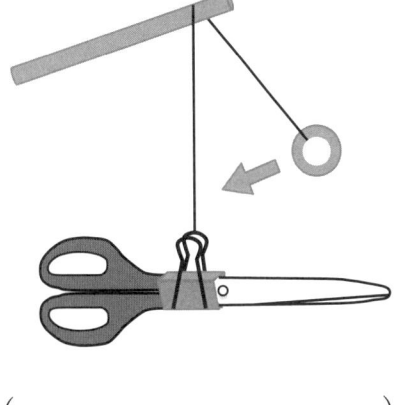

(　　　　　　　　　)

わかったこと

【著者紹介】

福井　広和（ふくい　ひろかず）

1962年，岡山県に生まれる。兵庫教育大学大学院修了。サイエンス・レンジャー（財団法人科学技術振興機構），その道の達人（社団法人日本理科教育振興協会）の一員として全国各地で精力的に科学教室の出前をしている。著書に『はじめてのおもしろ理科実験＆工作』，『かんたん！不思議！100円グッズ実験＆マジック』（以上主婦の友社）がある。小学校教師を29年間務め，現在，就実大学教育学部教授。

國眼　厚志（こくがん　あつし）

1963年兵庫県に生まれる。岡山大学教育学部卒業，兵庫教育大学大学院修了。中学校理科教師を14年，小学校教師を19年勤め，現在まで自然体験教室，科学実験教室，ICT利活用研究などの講師を精力的に務める。著書に『教師のためのICT活用ネタ70選』『プロジェクター活用で授業は劇的に変わる』『教師のためのラクラク便利帳92選小学校編』『壁新聞で教室が大変身！』『3倍はやくこなせて10倍うまく仕上がる！小学校教師の仕事術』『学級担任のための普通教室ICT活用術』『フォーマット活用で誰でもカンタン！学級通信ラクラク作成ガイド』（以上明治図書）がある。日本教育情報化振興会総務大臣賞受賞。現在兵庫県朝来市立竹田小学校教諭。〈執筆項目〉2，3
ブログ「ザッキンチョ」はこちらから→ http://blog.livedoor.jp/zakkincho/

高田　昌慶（たかた　まさよし）

1956年，兵庫県に生まれる。姫路工業大学応用化学科卒業，兵庫教育大学大学院修了。原体験教育研究会，神戸理科サークル，ゴリラボ・大塩理科研究会所属。実験開発に勤しみながら，青少年のための科学の祭典全国大会や実験実技講習会，科学実験ショー，科学教室などの講師を務める。著書に『わくわくサイエンスマジック』（共著，海竜社）がある。文部科学大臣優秀教員受賞。現在，兵庫県高砂市立北浜小学校教諭。〈執筆項目〉1，4，5，6，7

原体験教育研究会はこちら→ http://gentaiken.sakura.ne.jp
科学体験データベースはこちら→ http://www.jss.or.jp/fukyu/kagaku/
ゴリラボ・大塩理科研究会はこちら→ http://gorillabo.lolipop.jp/gorillabo/

〈3名による共著〉（いずれも明治図書）
『文系教師のための理科授業note　3・4年編』『同5・6年編』『文系教師のための理科授業入門＆スキルアップ集』『文系教師のためのキットでバッチリ理科授業』『ワークシートでらくらく科学クラブ　Part2』『同Part3』『同Part4』『学校で学べるサバイバル術　ワークシートでらくらく科学クラブ　緊急番外編』『文系教師のための理科授業板書モデル　3年生の全授業』『同4年生』『同5年生』『同6年生』

〔本文イラスト〕木村美穂

文系教師のための理科授業ワークシート　5年生の全授業
全単元・全時間を収録！

2019年4月初版第1刷刊　Ⓒ著　者　福井広和・國眼厚志・高田昌慶
　　　　　　　　　　発行者　藤　原　光　政
　　　　　　　　　　発行所　明治図書出版株式会社
　　　　　　　　　　　　　　http://www.meijitosho.co.jp
　　　　　　　　（企画）木村　悠　（校正）奥野仁美
　　　　　　　　〒114-0023　東京都北区滝野川7-46-1
　　　　　　　　振替00160-5-151318　電話03(5907)6702
　　　　　　　　ご注文窓口　電話03(5907)6668
＊検印省略　　　　組版所　株式会社ライラック

本書の無断コピーは，著作権・出版権にふれます。ご注意ください。
教材部分は，学校の授業過程での使用に限り，複製することができます。

Printed in Japan　　　ISBN978-4-18-285518-4
もれなくクーポンがもらえる！読者アンケートはこちらから
→

文系教師のための理科授業ワークシートシリーズ

誰がやっても効果の上がる 実践とコツ

全4巻　〈各B5判〉　全単元・全時間を収録！

福井広和・國眼厚志・高田昌慶 著

3年生の全授業【2853】2,360円+税・**4年生**の全授業【2854】2,360円+税

5年生の全授業【2855】2,360円+税・**6年生**の全授業【2856】2,160円+税

ワークシートを印刷し、理科室でパッと本書を開き1分間だけ斜め読みするだけでOK！ワークを配布したら、本書の解説と記入例を参考に子どもに指示を与えれば、授業が成立！「ベテラン教師のワザをどの先生にも」を合言葉に、そんな夢のような授業が実現できる1冊。

明治図書　携帯・スマートフォンからは **明治図書ONLINE** へ　書籍の検索、注文ができます。

http://www.meijitosho.co.jp　＊併記4桁の図書番号（英数字）でHP、携帯での検索・注文が簡単に行えます。

〒114-0023　東京都北区滝野川7-46-1　ご注文窓口　TEL 03-5907-6668　FAX 050-3156-2790

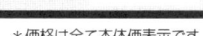

＊価格は全て本体価格表示です。

文系教師のための理科授業板書モデルシリーズ

あなたの理科授業は板書で変わる！

全4巻 　全単元・全時間を収録！

福井広和・國眼厚志・高田昌慶 著

3年生の全授業【1401】・4年生の全授業【1402】
5年生の全授業【1403】・6年生の全授業【1404】

B5横判・各2,100円+税

苦手な理科授業もこれで安心！1頁に45分間の板書モデルと授業のコツを収めたので、教卓にそのまま置いて授業できます。黒板をひと目見ただけで授業の流れが即理解できる「学習活動プレート」は、板書に欠かせないアイテムになること、間違いなし。3〜6年の全4巻。

明治図書　携帯・スマートフォンからは **明治図書 ONLINE** へ　書籍の検索、注文ができます。
http://www.meijitosho.co.jp　＊併記4桁の図書番号（英数字）でHP、携帯での検索・注文が簡単に行えます。
〒114-0023　東京都北区滝野川7-46-1　ご注文窓口　TEL 03-5907-6668　FAX 050-3156-2790

＊価格は全て本体価格表示です。

教師力ステップアップシリーズ

ただただおもしろい 指名の方法 48 手／休み時間ゲーム 48 手

笑顔で全員参加の授業！ただただおもしろい指名の方法 48 手

垣内　幸太　著

授業における指名は、発言を整理するため、意欲を喚起するため、考えや人をつなぐためのもの。そこに笑いのエッセンスを加えることで、味気ない授業が全員参加の楽しい授業に生まれ変わります！定番の指名から演技派、ゲーム性、交流ものまで48の方法を収録。

112 ページ・A 5 判　1,600 円＋税　図書番号：2788

5分でクラスの雰囲気づくり！ただただおもしろい休み時間ゲーム 48 手

日野　英之　著

休み時間は、心身を解放してリラックスしたり、子どもの状態をキャッチしたり、子どもや教師がつながる時間。そこに笑いのエッセンスを加えることで、何気ない5分が笑顔あふれる5分に生まれ変わります！定番の遊びから頭脳もの、体を使うものまで48のゲームを収録。

112 ページ・A 5 判　1,600 円＋税　図書番号：2789

授業・学校をただただおもしろくする 指名の方法・休み時間ゲームが大集合！

子どものこころにジーンとしみる ことわざ・名言 2分間メッセージ

垣内　幸太　編著／授業力＆学級づくり研究会　著

古今東西176語から今日ピッタリの言葉が見つかる！

先人の言葉には人の心を動かす知恵が詰まっています。それを子どもたちの心に届くよう伝えるには、伝えるタイミングと技術が大切。本書では、学校生活の様々な場面にぴったりの言葉をセレクトし、朝の会・帰りの会などでそのまま話せるメッセージと一緒にお届けします。

★例えば…
　［学級開き］　十人十色　［友情］　人のことも許してあげなさい
　［礼儀・生活習慣の見直し］　親しき仲にも礼儀あり

192 ページ・四六判　1,800 円＋税　図書番号：1597

明治図書　携帯・スマートフォンからは **明治図書 ONLINE へ**　書籍の検索、注文ができます。▶▶▶

http://www.meijitosho.co.jp　＊併記4桁の図書番号（英数字）でHP、携帯での検索・注文が簡単に行えます。

〒114-0023　東京都北区滝野川7-46-1　ご注文窓口　TEL 03-5907-6668　FAX 050-3156-2790

＊価格は全て本体価格表示です。